Die Schule beginnt
Die Kinder haben einen neuen Lehrer bekommen.
Ob er auch nett ist?, sorgt sich Peter.
Alle Kinder blicken zum Lehrer.
Der nennt seinen Namen und spricht darüber,
wie die Kinder die Hefte führen sollen.
Ein strenger Lehrer?

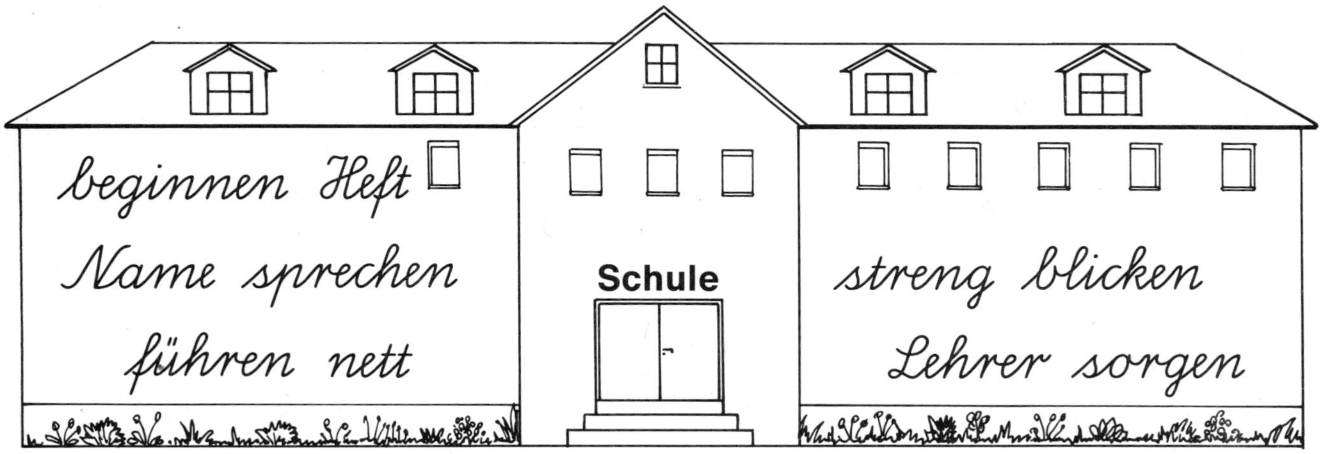

1. Fahre die Lernwörter zweimal farbig nach, unterstreiche sie dann im Text und vergleiche!
2. Findest du die passenden Lernwörter?

4 Buchstaben	6 Buchstaben	7 Buchstaben	8 Buchstaben
(3 Wörter)	(4 Wörter)	1 Wort	2 Wörter

3. Reime und schreibe!

fett-n...   rühren-f   borgen-s

schicken-b   brechen-s

4. Setze die fehlenden Buchstaben ein:

stre__   bl__en   Le__er   ne__

f__ren   beg__en   __echen

5. Male die Silben, die zusammengehören, mit der gleichen Farbe aus! Schreibe die Wörter in dein Heft!

Leh-	Hef-	sor-	füh-	spre-	Na-	begin-
-nen	-ren	-te	-rer	-me	-gen	-chen

6. In welchen Wortrahmen gehören die zehn Lernwörter?

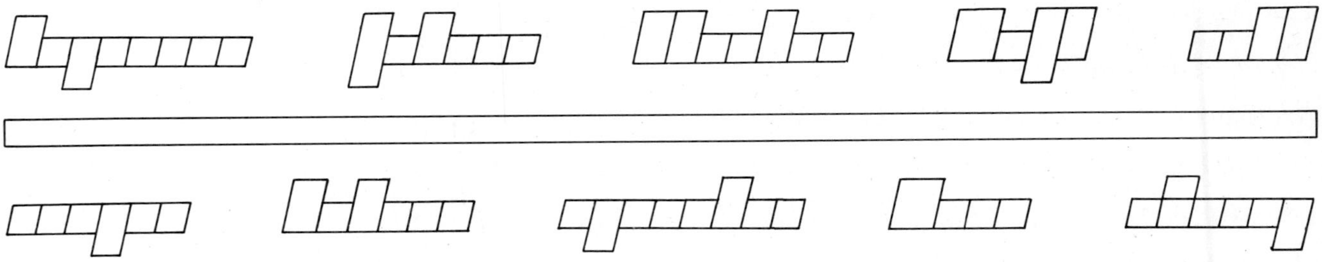

7. Setze die Wörter richtig zusammen:

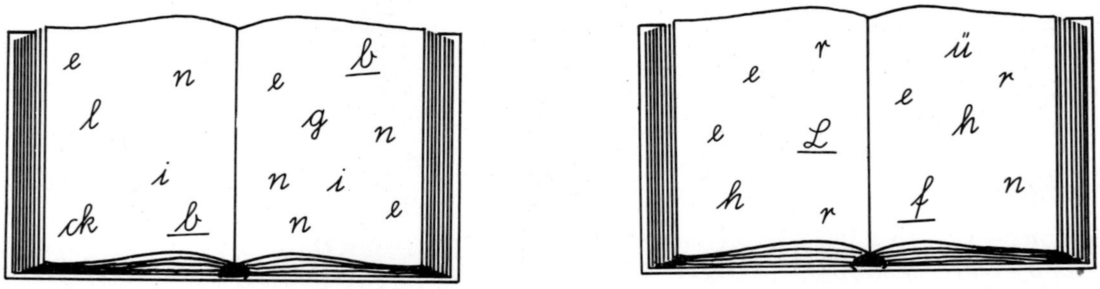

b b L f

8. Hier kannst du viele neue Wörter bilden.

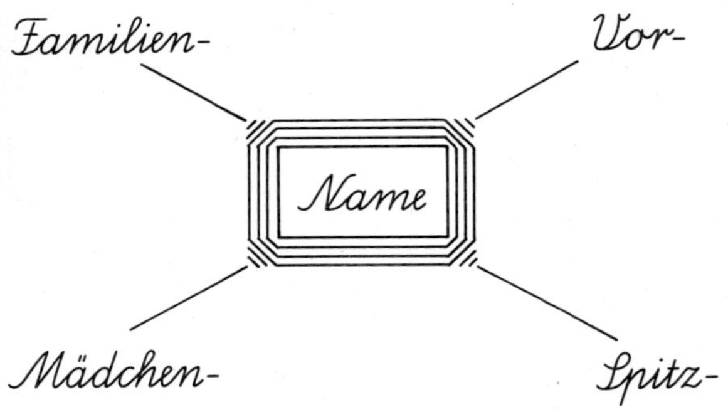

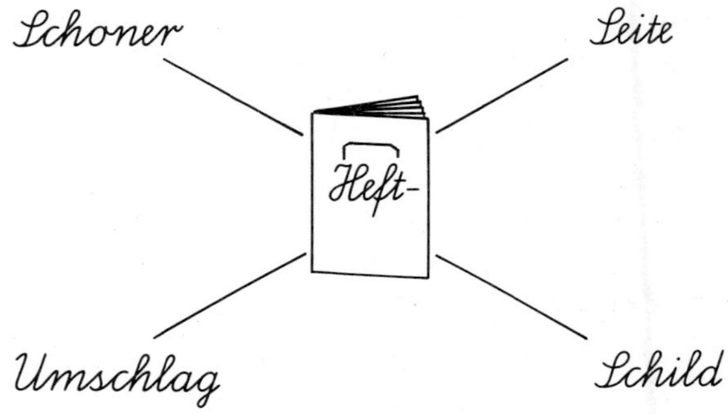

9. Setze die Lernwörter richtig ein!

blicke | beginnt | führt | sorgst | sprechen

Ein neues Schuljahr

Wir über die Hefte.

Ich zum Lehrer.

Nun ihr ein Spiel vor.

Ein strenger Lehrer? Du dich?

10. Schreibe die Nachschrift in dein Heft ab!

Günther Gramsamer
Franz Holzner

Sicher zum Grundwortschatz

Ein Lehrgang in Nachschriften

Arbeitsheft, 3. Schuljahr
mit Lateinischer Ausgangsschrift

Ernst Klett Grundschulverlag
Leipzig Stuttgart Düsseldorf

Zu „Sicher zum Grundwortschatz“ gehören:

Arbeitsheft, 1. Schuljahr, LA	212101
Arbeitsheft, 2. Schuljahr, LA	212102
Arbeitsheft, 3. Schuljahr, LA	212103
Arbeitsheft, 4. Schuljahr, LA	212104
Lehrerband, 1./2. Schuljahr	212119
Lehrerband, 3./4. Schuljahr	212129

Gedruckt auf Recyclingpapier,
hergestellt aus 100 % Altpapier.

1. Auflage 1 5 4 3 2 1 | 2001 00 99 98 97

Dieses Werk folgt der reformierten Rechtschreibung und Zeichensetzung.
Alle Drucke dieser Auflage können im Unterricht nebeneinander benutzt werden, sie sind untereinander unverändert.
Die letzte Zahl bezeichnet das Jahr dieses Druckes.

Redaktion: K. W. Walther, Stuttgart

Grafik: F. Digel, Mössingen
Druck: Gutmann & Co., 74388 Talheim
ISBN 3-12-212103-4

Inhalt — Seite

Klett

Ernst Klett Grundschulverlag, Braunstr. 12, 04347 Leipzig

Liebes Mädchen, lieber Junge!

Dieses Heft hilft dir, die Wörter des 3. Schuljahres richtig schreiben zu lernen, wenn du gründlich und gewissenhaft damit arbeitest.
Die Lernwörter sind in 22 Texten enthalten. In den Aufgaben zu jedem Text kannst du sie ausgiebig üben, bevor deine Lehrerin oder dein Lehrer dir den Text in leicht veränderter Form als Nachschrift diktiert. Eine Reihe von Wörtern mit Besonderheiten der Rechtschreibung sind in Wortlisten zu weiterem Training für dich zusammengestellt; einige Seiten des Heftes zeigen dir, wie du Wörter nachschlagen kannst.

Von Zeit zu Zeit werden dir Wörter diktiert, die du nur in Sätze einzusetzen brauchst. Dabei erfährst du, ob du die geübten Lernwörter auch nach längerer Zeit noch richtig schreiben kannst.
Keine Angst, du hast sie bis dahin oft wiederholt!
Im Heft findest du diese beiden Zeichen. Sie bedeuten:

Du sollst diese Aufgabe zuerst mündlich lösen, dabei genau auf die Wörter hören und sie dann aufschreiben.

Im Arbeitsheft ist nicht genug Platz zum Schreiben. Löse diese Aufgabe im Übungsheft.

Und nun viel Spaß und guten Erfolg!

Günter Gramsamer   Franz Holzner

Günter Gramsamer   Franz Holzner

Telefon: (03 41) 23 96-0   Telefax: (03 41) 23 96-300

Ernst Klett Grundschulverlag GmbH, Leipzig HRB 9214.   Verleger: Michael Klett. Geschäftsführer: Ulrich Krämer

Auf dem Oktoberfest

Petra und Tina stürzen sich unter die Leute.
Seid brav und schiebt nicht so!, schimpft eine Frau.
Voller Spannung stürmen die Kinder zur Geisterbahn.
Sie fahren an Hexen mit giftig grünen Augen vorbei.
Aber die Kinder lachen nur.
Es macht viel Spaß, lügt die kleine Susi.

1. Fahre die Lernwörter farbig nach und schreibe sie auf!

Leute – *Frau –* *Hexe –*

Spannung – *Spaß –*

stürzen – *schieben –*

schimpfen – *stürmen –*

fahren – *lügen –*

voll – *brav –* *giftig –*

2. Wie heißen diese 6 Lernwörter?

– rz –: *– rm –:* *– v:*

– mpf –: *– ah –:* *v –:*

3. Zwei Silben ergeben immer ein Wort, z. B.: *stürzen*

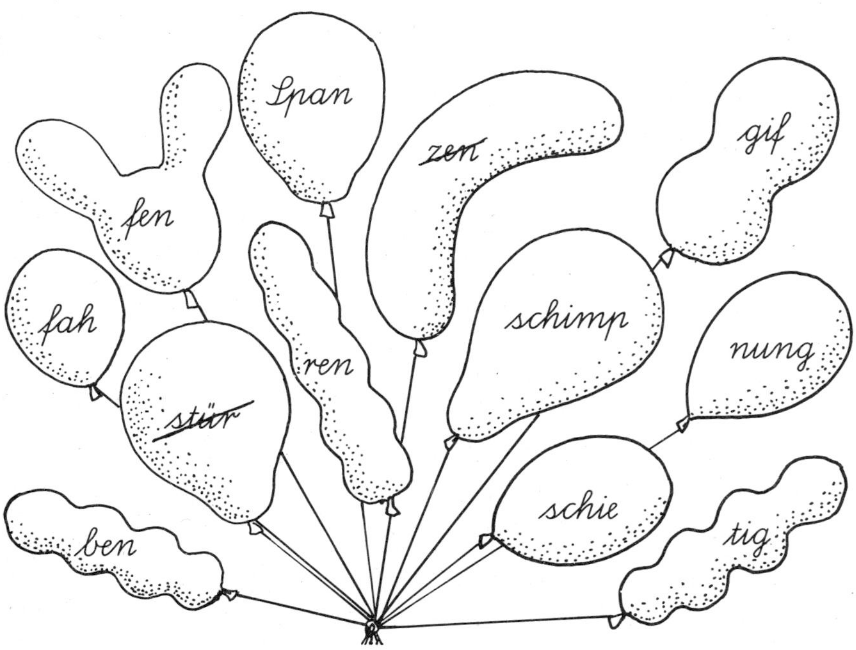

4. Hier passen mehrere Lernwörter. Schreibe sie auf!

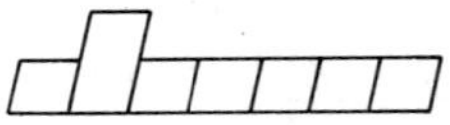

5. Welche Lernwörter enthält die Achterbahn?

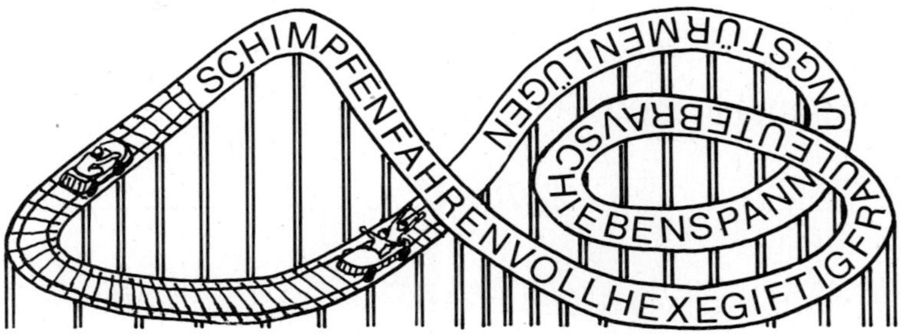

6. Spuk in der Geisterbahn:

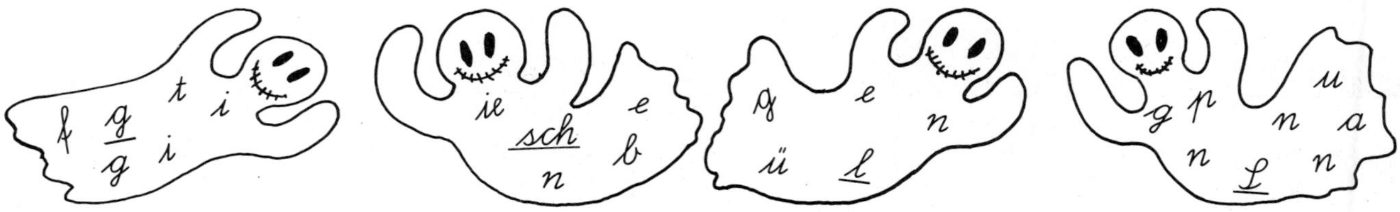

7. Viele Wörter mit „fahren“. Sprich darüber und schreibe sie auf!

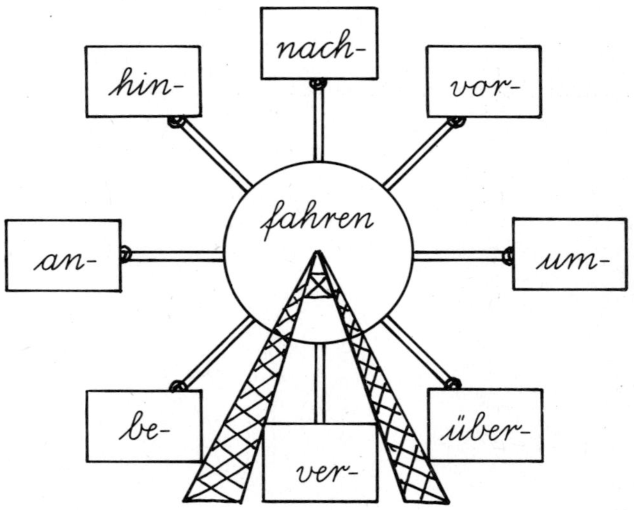

8. Wörter können sich verändern:

stürzen – der Sturz, stürmen – , lügen –

, – die Hexe, – der Spaß

9. Schreibe die Nachschrift in dein Heft ab! Unterstreiche die Namenwörter grün, die Zeitwörter (Tunwörter) rot und die Eigenschaftswörter (Wiewörter) blau!

Vor dem Unterricht

Franz und Rudi machen die Tafel sauber.
Zwei Mädchen malen auf dem Block.
Ute und ihre Nachbarin holen ihre Aufgaben für heute hervor.
Viele Kinder setzen sich an ihren Tisch
und bereiten sich auf den Unterricht vor.

1. Schreibe die unterstrichenen Namenwörter in der Einzahl mit ihrem Begleiter auf!

die T ______ *das* ______ *der* ______

die ______ *die* ______ *der* ______

2. Ordne die gekennzeichneten Zeitwörter (Tunwörter) nach dem Alphabet!

______

3. Welches unterstrichene Lernwort hast du noch nicht aufgeschrieben?

das Wiewort: ______

4. Welche vier Lernwörter haben fünf Buchstaben?

______

5. Schreibe die Lernwörter nach der Anzahl ihrer Silben geordnet in dein Heft!
1 Silbe (1 Wort), 2 Silben (6 Wörter), 3 Silben (4 Wörter)

6. Das stimmt doch nicht!

sau/fel *Nach/len* *Ta/ber* *ma/bar*

______

se/len *ho/zen* *Unter/chen* *Mäd/richt*

______

7. Baue diese Wörter in deinem Heft auf:

[Au] fgabe ber[ei]ten Unterri[ch]t Na[ch]bar

8. Erkennst du die Lernwörter auf den Schultaschen?

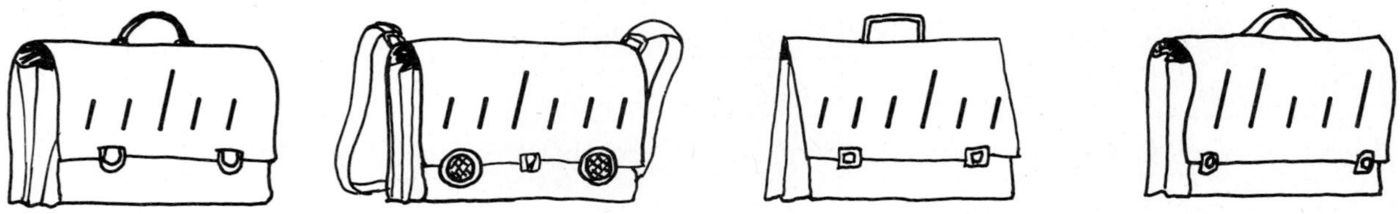

9. Aus diesen Lernwörtern kannst du viele Sätze bilden.

10. Bilde die Mehrzahl dieser Namenwörter:

zwei ____________

vier ____________

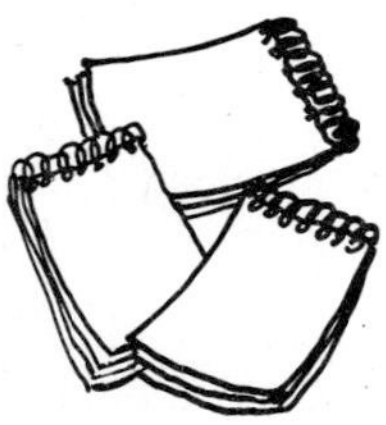

drei ____________

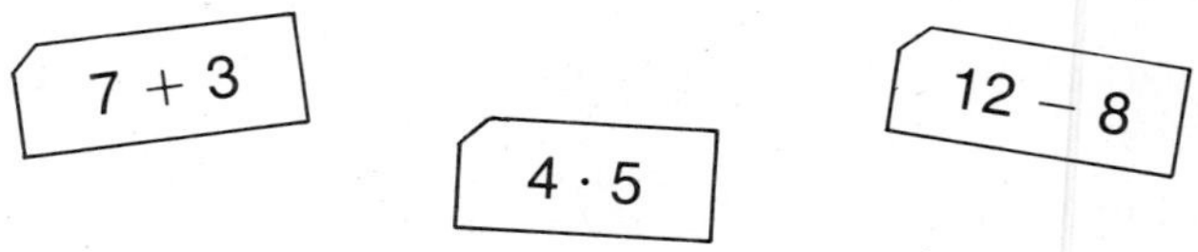

drei ____________

11. Fahre die Lernwörter, die du erkennst, farbig nach! (11)

H	E	U	N	T	E	R	R	I	C	H	T	A	B	L	S
M	Ä	D	C	H	E	N	O	F	G	B	L	O	C	K	A
A	B	C	I	O	E	A	U	F	G	A	B	E	V	X	U
L	H	K	L	L	D	F	G	M	S	E	T	Z	E	N	B
E	T	A	F	E	L	N	B	E	R	E	I	T	E	N	E
N	O	P	S	N	A	C	H	B	A	R	R	T	U	W	R

12. Schreibe die Nachschrift in dein Heft ab. Unterstreiche dann die Namenwörter grün, die Zeitwörter (Tunwörter) rot und die Eigenschaftswörter (Wiewörter) blau.

Die Ordnung des Alphabets

1	2	3	4	5	6	7	8	9	10	11	12	13	14	15	16	17	18	19	20	21	22	23	24	25	26
A	B	C	D	E	F	G	H	I	J	K	L	M	N	O	P	Q	R	S	T	U	V	W	X	Y	Z

1 ▸	a
2 ▸	
3 ▸	c
4 ▸	d
5 ▸	
6 ▸	f
7 ▸	
8 ▸	
9 ▸	i
10 ▸	j
11 ▸	
12 ▸	
13 ▸	m
14 ▸	n
15 ▸	
16 ▸	
17 ▸	
18 ▸	r
19 ▸	s
20 ▸	
21 ▸	
22 ▸	v
23 ▸	
24 ▸	
25 ▸	y
26 ▸	z

In allen Wörterbüchern sind die Wörter dem Alphabet nach geordnet. Im Alphabet ist die Reihenfolge der Buchstaben genau festgelegt. Diese Reihenfolge musst du gut kennen, wenn du Wörter rasch finden willst.

1. Lies oben die 26 Buchstaben des Abc in ihrer Reihenfolge und lerne sie auswendig! Übe mit deinem Partner so: Du nennst einen Buchstaben im Alphabet und er die nächsten drei; wechselt euch dabei ab!
2. Ergänze die Reihe der Kleinbuchstaben am Rand so, wie sie dem Alphabet nach aufeinander folgen!
3. Jeder Buchstabe hat einen bestimmten Platz im Alphabet. Trage in die freien Kästchen den Buchstaben oder seine Nummer in der Reihenfolge des Alphabets ein!

7		5	9			3	11	22			6	20	24	
	M			S	W				O	H				K

4. Welche Wörter entstehen hier durch die mit Ziffern angegebenen Buchstaben?

5	12	20	5	18	14		→ ______
12	5	8	18	5	18		→ ______
2	18	21	4	5	18		→ ______
1	21	6	7	1	2	5	→ ______

5. Welcher der drei Buchstaben ist der Erste in der Reihenfolge des Alphabets? Lass ihn stehen und streiche die beiden falschen so: | ~~n~~ | m | ~~o~~ |

f e d	s o q	m h i	z t v	k m p
N L O	R P V	Q P R	G N K	K L J

6. Welcher der drei Buchstaben ist der Letzte in der Reihenfolge des Alphabets? Lass ihn stehen und streiche die beiden falschen so: | ~~n~~ | ~~m~~ | o |

A L E	F G D	K L H	X U R	M P O

A . . D E F . . I J . . M . . P . R S T . . W X Y .

Ordnen nach dem Abc

1. Ergänze die fehlenden Buchstaben in den Abc-Reihen am Seitenrand!
2. Immer ein Buchstabe stimmt nicht in der Reihenfolge des Abc! Streiche ihn durch!

m	n	r	o

k	l	h	m

u	v	w	z

d	e	c	g

So folgen sie aufeinander:

3. Bestimme bei den folgenden Wörtern den Platz des Anfangsbuchstabens und ordne sie dann in der richtigen Reihenfolge!

F arbe	B lock	N achbar	K irche	W inter	D ecke
6					

____

4. Ordne diese Vornamen nach ihren Anfangsbuchstaben in der Reihenfolge des Alphabets!

Michael Helmut Stefan Kurt Otto Rudi Fritz Norbert Elke Vera Tanja Walter Doris Christian Josef Petra Alfred Ludwig Gabi Barbara Inge Udo

A ________
B ________
C ________
D ________
E ________
F ________
G ________
H ________
I ________
J ________
K ________
L ________
M ________
N ________
O ________
P ________
Q
R ________
S ________
T ________
U ________
V ________
W ________
X
Y
Z

Linker Rand: A B . . . F G . . J K . M N O . . . S . U . . . Y Z

Rechter Rand: . . . d e . . h i . . . m n . . q . . t u v . x y .

a b c d . . . h i j . . . n . . . r s t . . . x y z

Alle helfen mit

In unserer Klasse gibt es viele Ämter:
Hans sammelt die Hefte ein, Horst pflegt die Blumen
und Ute putzt die Tafel.
Aufräumen muss jedes Kind selbst. So bleibt der Raum sauber.
Nach der Pause schließt Anni die Fenster.
Wenn jemand außen an die Türe klopft, macht
Eva sie auf und grüßt.

1. Findest du die 12 Lernwörter? Sieben davon sind Zeitwörter (Tunwörter). Schreibe diese in der Grundform!

Wörter, in denen „p"/„P" vorkommt (4):

P . . . . *k* . . . . . *p* . . . . . *p* . . . . .

Wörter, in denen „m" vorkommt (5):

Ä . . . . *R* . . . *s* . . . . . .

a . . . . *j* . . . . .

Wörter, in denen „ß" vorkommt (3):

g . . . . *sch* . . . . . . *au* . . .

2. In den beiden Blumen stecken sechs Lernwörter. Schreibe sie auf und trenne sie!
Beispiel: pflegen: *pfle-gen*

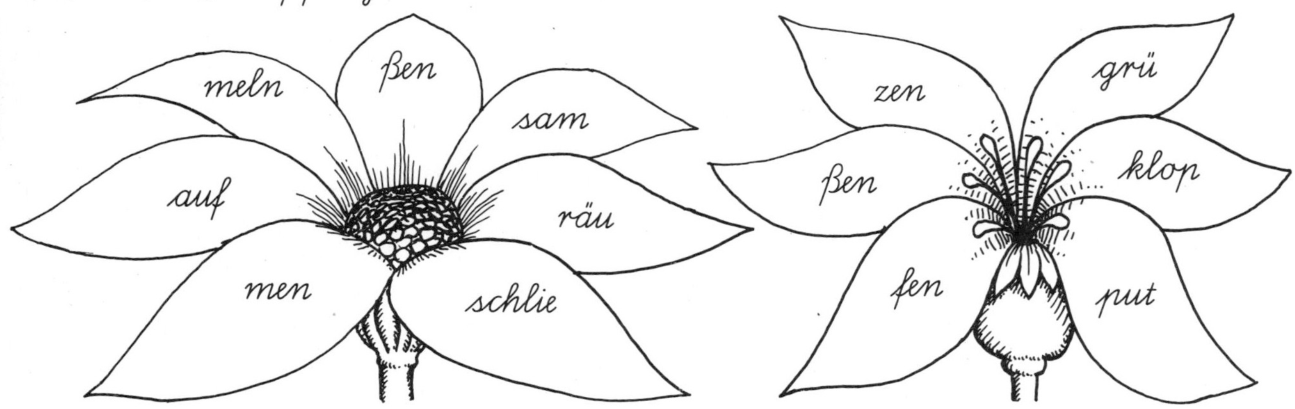

3. Aus der Gießkanne sprudeln die Zeitwörter (Tunwörter). Schreibe sie auf!

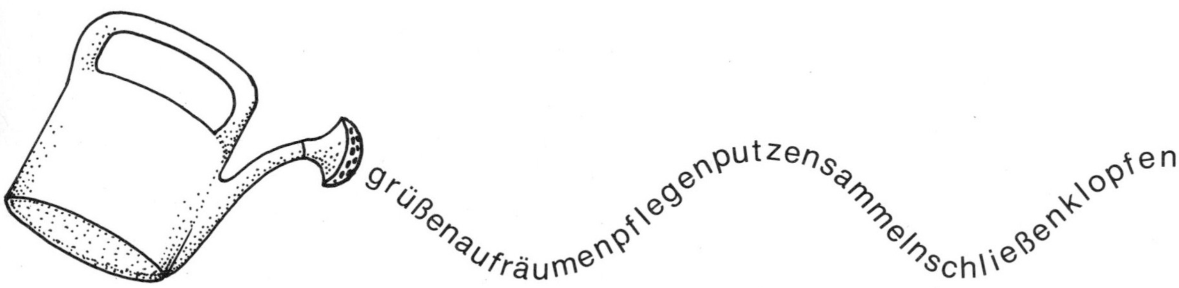

4. Suche das Gegenteil!

niemand – *innen –*

5. Bringst du wieder Ordnung in die Wörter?

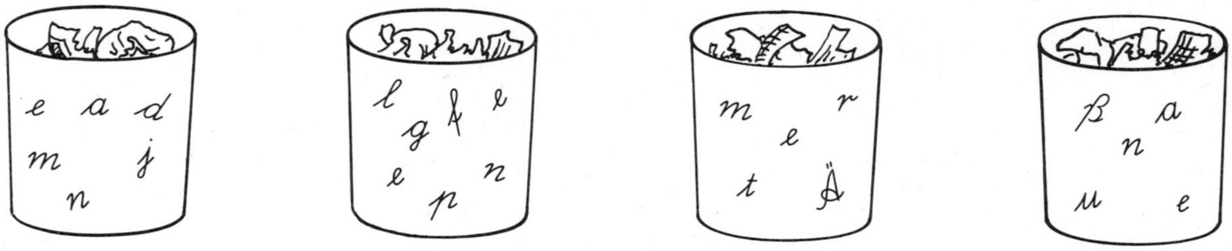

6. Für Rätselfüchse:
Denke daran, hier schreibt man alle Buchstaben groß!

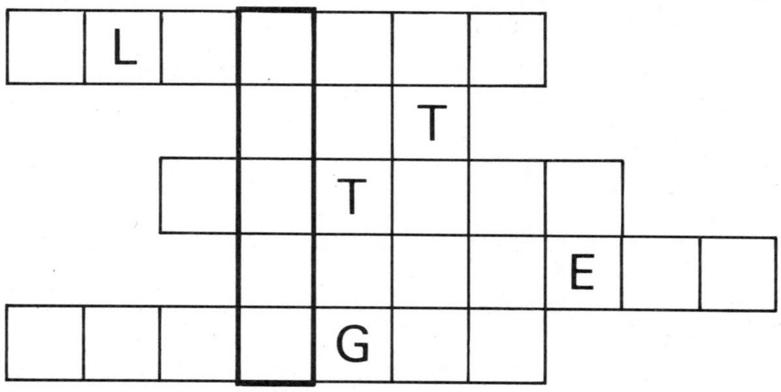

Lösung: Darauf freuen sich alle Kinder:

. . . . .

7. Die Zeiger rücken weiter. Ergänze die fehlenden Wörter:

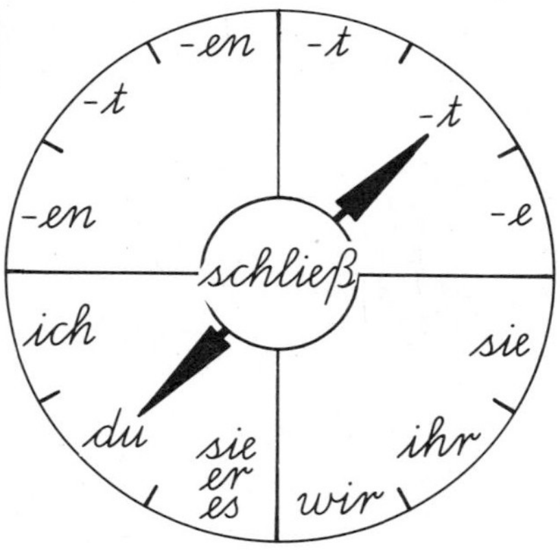

du *ich*

sie *ihr*

wir *sie/er/es*

8. Du findest mindestens sechs zusammengesetzte Namenwörter:

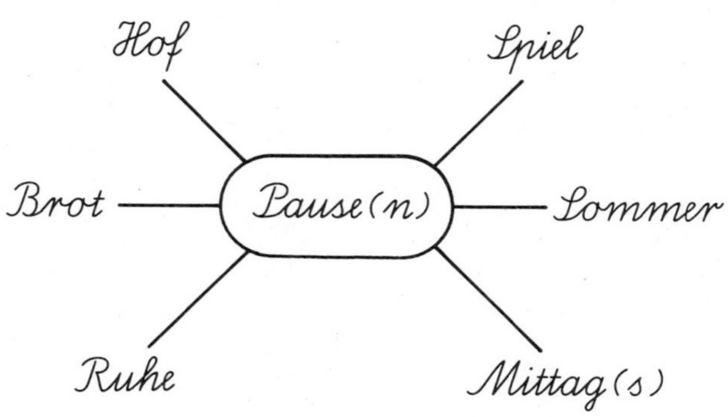

Andi

Auf dem Spielplatz sind viele kleine Pfützen.
Laut lachend hüpft Andi durch das Wasser.
Der Schmutz macht ihm nichts aus.
Seine Hose wurde schon oft geflickt;
auf sie muss er nicht mehr aufpassen.
Böse wird seine Mutter aber,
wenn er sich nicht mit Seife wäscht.

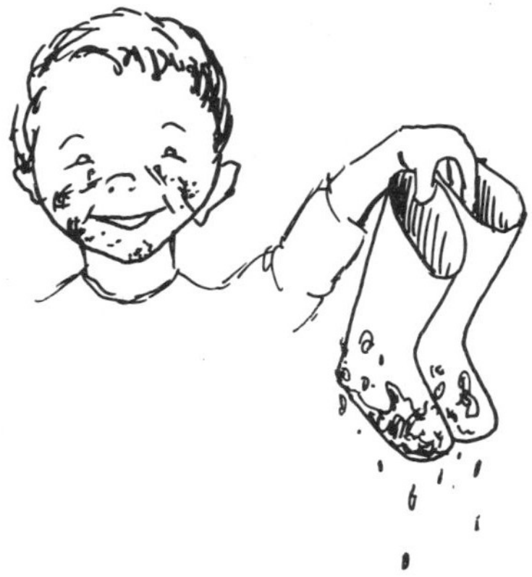

1. Das sind die Lernwörter dieser Nachschrift:
   Pfütze, Schmutz, Seife, flicken, hüpfen, waschen, laut, mehr
   Unterstreiche sie im Text farbig!
   Schreibe sie in dein Heft!
2. Ordne die Lernwörter der Länge nach:

mit 7 Buchstaben

mit 6 Buchstaben

mit 4 Buchstaben

mit 5 Buchstaben

3. Sicher findest du die passenden Reimwörter:

flicken: bl   n   str

Pfütze: M   St   Sch

laut: H   Kr   hüpfen: schl

4. Kannst du die Lernwörter wieder flicken?

m__r   h__en   Schm__

__ü__e   fli__en   S__e

5. Baue folgende Wörter in deinem Heft auf und ab:
   Sch mutz, hüpfen, mehr, Pfütze.

6. In der Pfütze schwimmen die Silben von zwei Namenwörtern und drei Zeitwörtern (Tunwörtern).

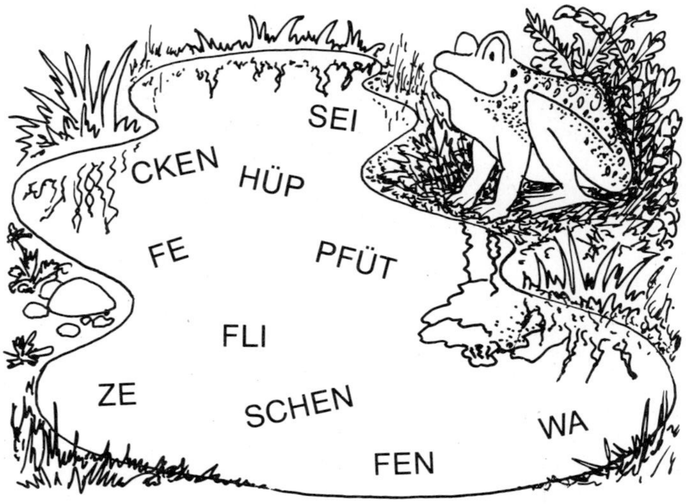

______ – ______

______ – ______

______ – ______

______ – ______

______ – ______

7. So ein Durcheinander! Bringe Ordnung hinein!

z t u m h c S *w e s c h a n* *r h e m*

______

e S f e i *t a u l* *e n c k f l i*

______

8. Verwandte Wörter zum Lernwort „Schmutz“:

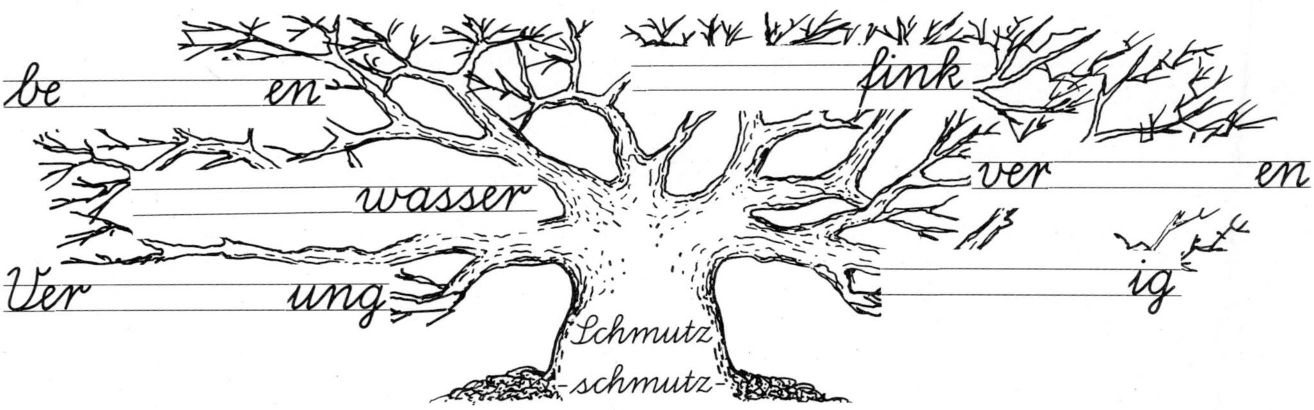

Suche für jedes Wort einen passenden Satz!

9. Schreibe die Nachschrift in dein Heft ab.

10. Am anderen Tag erzählt Andi in der Schule:

„Gestern bin ich von einer ______ zur anderen ______.

Zu Hause wurde ich von Kopf bis Fuß ______ .

Die Hose musste noch einmal ______ werden.“

Volkstrauertag

An diesem Tag beten viele Christen in der Kirche für die Toten zu Gott. Die Gedanken sind bei den vielen Männern, Frauen und Kindern, die im Krieg sterben mussten. Wir sollten die schreckliche Gewalt des Krieges nie vergessen und helfen den Frieden zu erhalten.

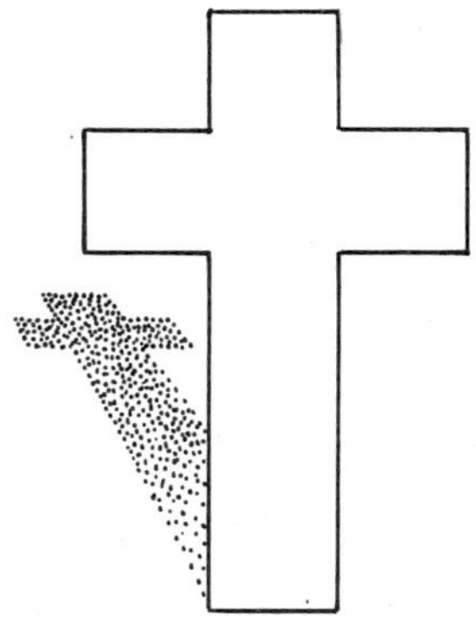

1. Fahre jedes Lernwort zweimal farbig nach:

Krieg

sterben Christ beten Gewalt vergessen tot

schrecklich Gott Mann Kirche Gedanke

Frieden

2. Unterstreiche die Lernwörter im Text!
3. Schreibe die Lernwörter nach Wortarten geordnet in dein Heft!
4. Drei Namenwörter kommen in der Mehrzahl vor:

der Ch ______ – viele ______

der G ______ – die ______

der M ______ – viele ______

5. Ein Lernwort wurde von einem Wiewort zu einem Namenwort:

Einzahl	Mehrzahl	Wiewort
der Tote	die ______	______

6. Manche Buchstabengruppen kommen in mehreren Lernwörtern vor:

-rie-: (2) ______

-er-: (2) ______

-ge- oder Ge-: (3) ______

7. Findest du die Lernwörter mit doppeltem Mitlaut?

ss: tt: nn:

8. In einigen Lernwörtern stecken neue Wörter:

alt → erben →

essen → danke →

9. Welches Lernwort passt in den Wortrahmen? Schreibe es dazu!

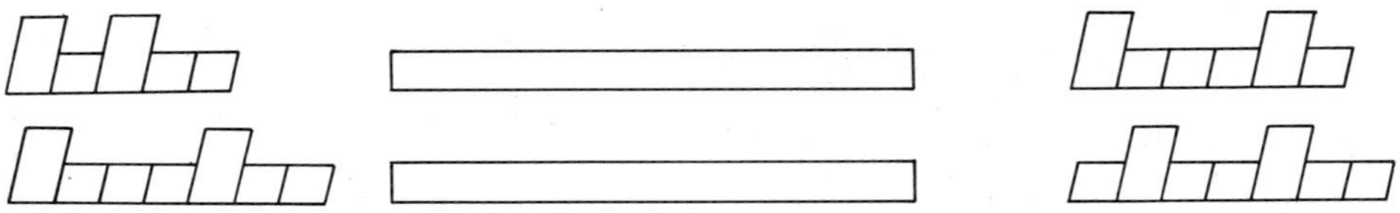

10. Verbinde die zusammengehörenden Silben!

Ge	ges	
schreck	dan	sen
ver	walt	
Kir	lich	ke
Ge	che	

Schreibe die Wörter getrennt in dein Heft, z. B.: *Kir-che*!

11. Schreibe die Lernwörter auf, die du nicht trennen kannst, weil sie nur eine Silbe haben!

12. Baue die Purzelwörter richtig zusammen!

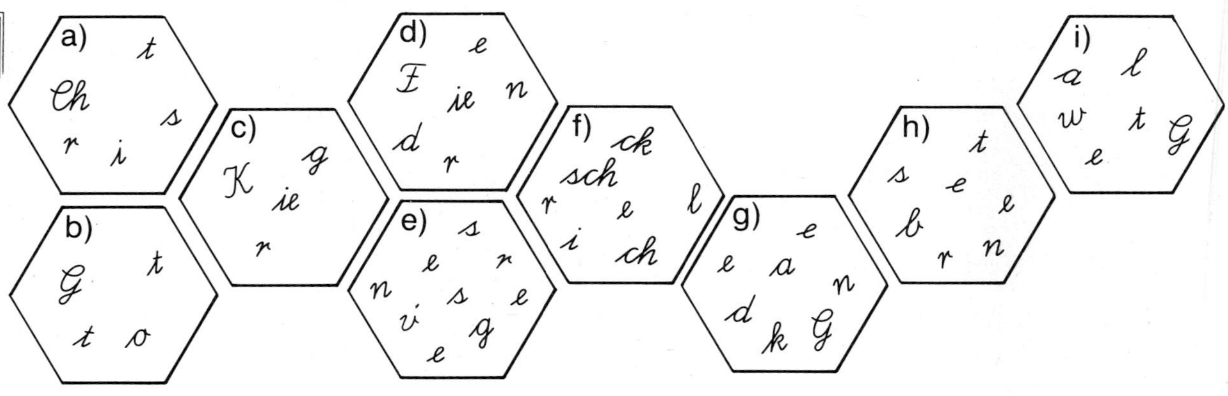

13. Schreibe die Nachschrift in dein Heft ab! Unterstreiche dann die Namenwörter grün, die Zeitwörter rot und die Eigenschaftswörter blau!

Herbst

Nur noch wenige Blätter hängen an den Bäumen. Sie haben schöne Farben. Die abgefallenen Blätter sammeln die Kinder fröhlich zu einem Haufen. Doch da kommt Wind auf: Die Blätter tanzen durch die Luft. Minuten später heult und pfeift der Sturm. Die Bäume biegen sich.

1. Ergänze die angefangenen Lernwörter!
   Die Zahl sagt dir die Zeile in der Geschichte oben.

(1) *H* ____ (2) *w* ____ (2) *h* ____ (3) *F* ____

(5) *f* ____ (5) *H* ____ (7) *t* ____ (8) *M* ____

(8) *s* ____ (8) *h* ____ (8) *p* ____ (9) *b* ____

2. Unterstreiche die Lernwörter im Text mit verschiedenen Farben:
   Namenwörter grün, Zeitwörter rot, Eigenschaftswörter blau.

3. Ordne die Lernwörter nach der Anzahl ihrer Buchstaben!

4 Buchstaben	5 Buchstaben	6 Buchstaben	7 Buchstaben	8 Buchstaben

4. Setze die fehlende Silbe ein:

____ *-lich* *hän-* ____ *Mi-* ____ *-te*

tan- ____ *-gen* *we-* ____ *-be*

5. Welche 7 Lernwörter stehen hier in der Geheimschrift?

____

____

6. Verwandte Wörter. Finde die passenden Lernwörter dazu.

der Tanz: t　　　　häufig: H

farbig: F　　　　der Hang: h

der Pfiff: p　　　　herbstlich: H

7. Der Wind hat einige Lernwörter kräftig durcheinander geschüttelt!

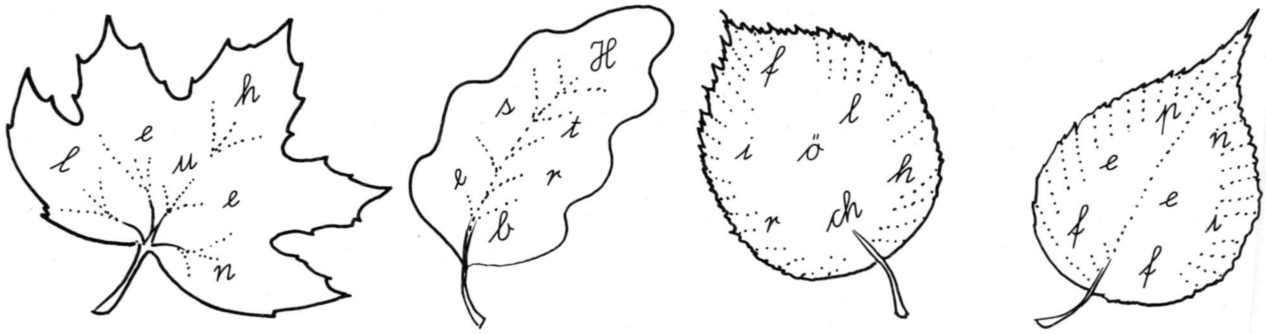

8. Neue Wörter entstehen. Erkläre sie und schreibe sie auf!

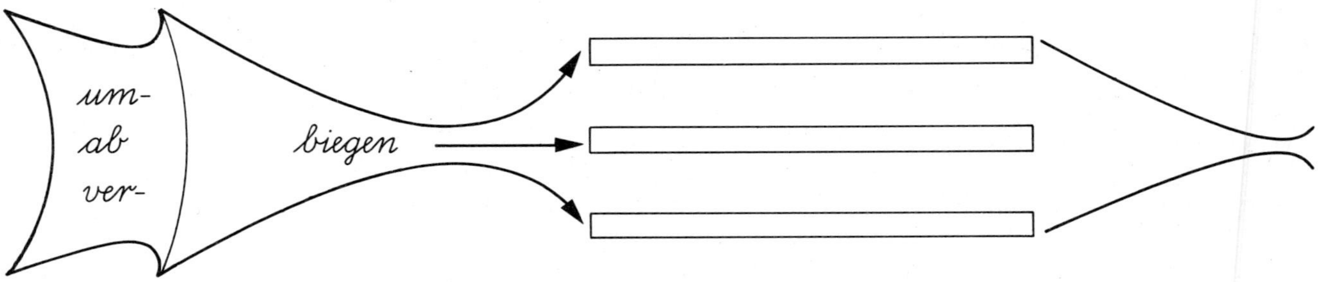

9. Was gehört zusammen? Schreibe auf!

hänge　h　h　h

t

h

p

b

10. Schreibe die Geschichte vom Herbst so in dein Heft ab, wie wenn sie gestern gewesen wäre! Die folgenden Zeitwörter in der richtigen Form helfen dir dabei!
hingen, hatten, sammelten, kam, tanzten, heulte, pfiff, bogen.

Wörter nach dem Abc ordnen

1. Gib an, welcher Buchstabe davor, danach oder dazwischen steht!

	k	l		s	t			d		f			m			q		s
	h	i		n		p			s		u		d	e			y	

Übe so auch mit dem Partner:
Was kommt nach ☐? Was steht vor ☐?

2. Ordne die Wörter nach ihrem ersten Buchstaben!

Heft	Acker	Zeitung	*Acker Heft Zeitung*
Decke	Block	Farbe	
Herbst	Kirche	Leute	
Pause	Mädchen	Nachbar	
Kohle	Haufen	Lehrer	
Spaß	Pause	Raum	

3. Helga legt sich für ihre Lernwörter eine Kartei an. Sie schaut auf den ersten Buchstaben und ordnet sie dann nach dem Alphabet. Wie muss sie die Wörter einordnen, die hier abgebildet sind?

Was zeigt das Bild?	1. Buchstabe	im Alphabet Nr.	So heißt das Wort:	So ist die Reihenfolge der Wörter:

Nachschlagen im Wörterbuch

1. Ordne diese Buchstaben in der Reihenfolge des Abc!

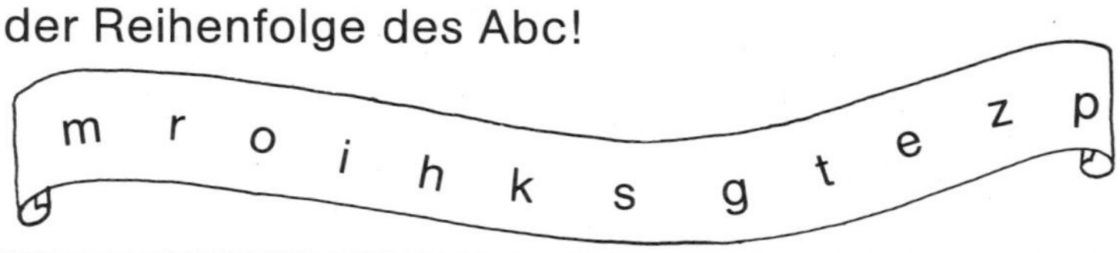

2. Schlage in deinem Wörterbuch nach und gib dann an:
Wie heißt
das erste Wort mit D? das 3. Wort mit H? das letzte Wort mit M?

Wo steht
das erste Wort mit H? Seite ☐ das letzte Wort mit K? Seite ☐
Stelle deinem Partner ebensolche Aufgaben!

3. Suche in deinem Wörterbuch die angegebenen Wörter! Schreibe dann die Wörter auf, die davor und danach stehen!

davor steht	Mein „Suchwort“ steht Seite	danach steht
	Tasse ☐	
	Gesetz ☐	
	Omnibus ☐	
	Fleiß ☐	
	Quelle ☐	

4. Bei diesen Wörtern fehlen Buchstaben. Suche die Wörter im Wörterbuch, schreibe die Seitenzahl und das ganze Wort auf.

der Anora? → Seite ☐

die Bre?el → Seite ☐

die Droger? → Seite ☐

das Gespr?ch → Seite ☐

der Pullo?er → Seite ☐

die Temp?ratur → Seite ☐

Bald ist Weihnachten!
Andrea wünscht sich ein Kleid.
Ihr Bruder hofft auf eine neue Tasche
die kleine Schwester will einen Schlitten.
Die Kinder beraten, was sie ihren Eltern einpacken werden.
Mutter und Vater wählen die Speisen für das Fest aus.
Ich glaube, wir werden einen fröhlichen Abend feiern,
sagt Andrea.

1. Schreibe die Lernwörter farbig nach!

2. Schreibe die Namenwörter mit ihren Begleitern auf!

der *der*

die *die* *die*

die *das*

3. Ordne die Zeitwörter nach dem Abc!

4. Welches Lernwort hast du bei Nr. 2 und 3 nicht aufgeschrieben?

5. Das richtige Wort zum richtigen Bild:

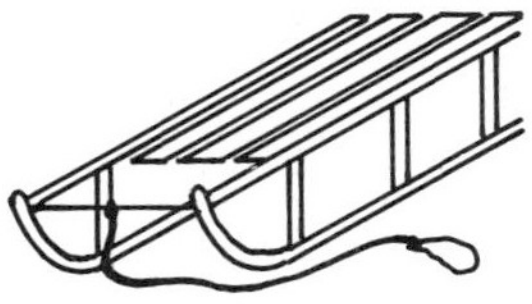

6. Andrea erzählt: Die ganze Familie freut sich auf Weihnachten:

meine ______________, *mein* ______________ *und*

meine ______________

7. Welche Lernwörter enthalten diese Buchstaben?

ck: ______________; *d:* ______________, ______________, ______________

b: ______________, ______________; *hl:* ______________, ______________

8. In den Weihnachtsbäumen stecken sechs Lernwörter. Schreibe sie getrennt auf!

____

____

____

9. Schreibe nach Silben getrennt:
einpacken, verpacken, auspacken

____

10. Ergänze die Lernwörter!

. . *u* . *e* . . . . . *e* . *e* . . . *au* . *e* .

. . . . *i* . . *e* . . *ä* . . *e* . . *a* . . . *e*

11. In diesen Lernwörtern stecken neue Namenwörter:

FEIERN ______________ SPEISE ______________

KLEID ______________ BRUDER ______________

12. Bilde zusammengesetzte Namenwörter!

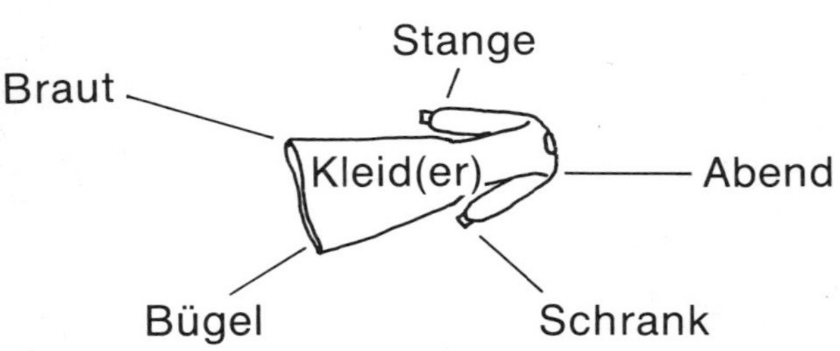

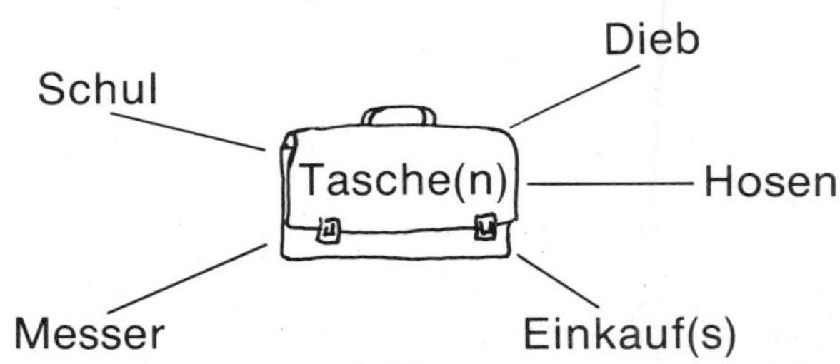

13. Schreibe die Geschichte „Bald ist Weihnachten“ in dein Heft ab!

Wie es einmal war

Seit der Zeit, als Oma noch ein Kind war, hat sich viel geändert. Oma heizte noch mit Kohle. In der Küche machte sie viele Arbeiten ohne Strom. Es war deshalb viel schwieriger als heute zu backen, zu kochen oder zu waschen. Dafür war aber der Pfennig mehr wert!

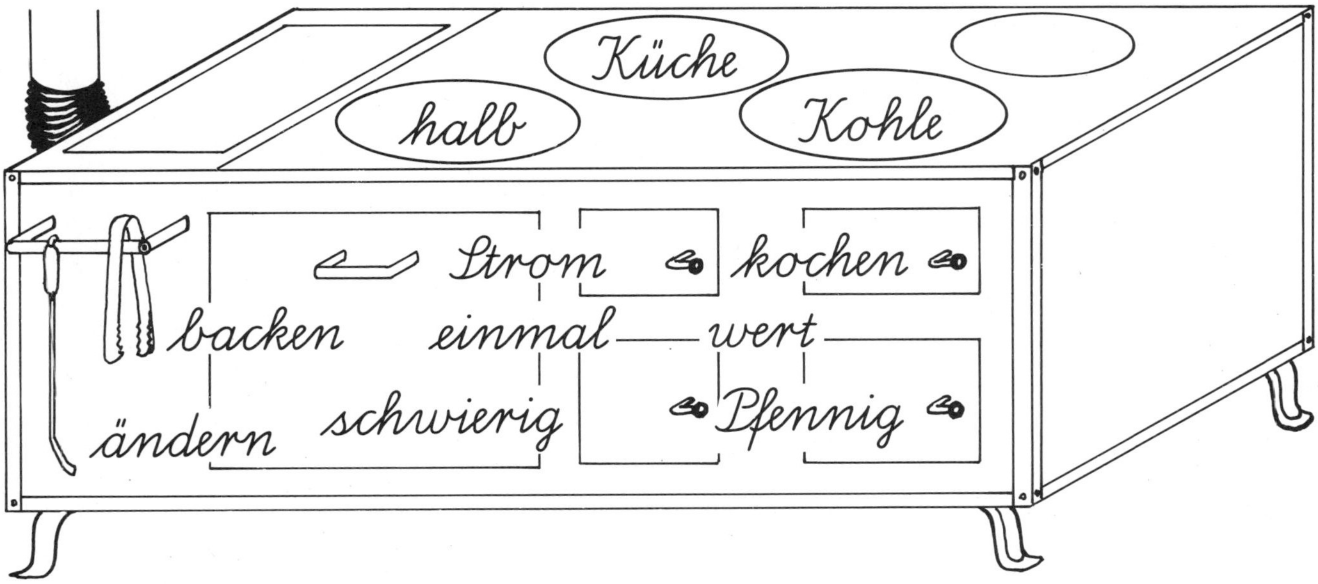

1. Schreibe die Lernwörter mit Farbe nach und unterstreiche sie im Text!
2. Schreibe die Lernwörter in dein Heft!
3. Finde das Gegenteil:

einfach – ________ *ganz* – ________

4. Kannst du die Spiegelwörter lesen? Schreibe sie richtig auf!

kochen *wert* *Küche* *Pfennig*

5. Setze die fehlenden Buchstaben ein!

K__le *b__en* *__om* *Pfe__*

sch__rig *ha__* *ei__al* *__dern*

6. Erkennst du die Lernwörter? Schreibe sie in dein Heft!

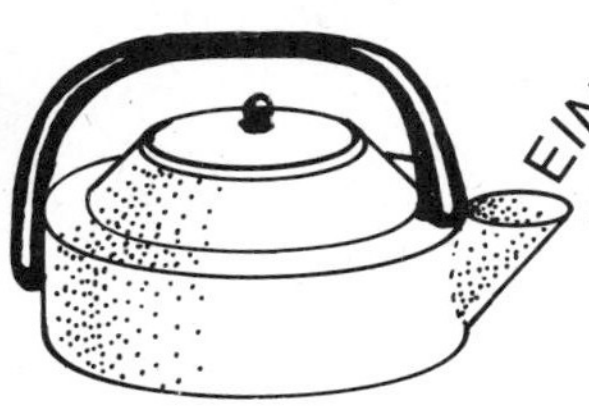

EINMALSTROMKOHLEÄNDERNPFENNIG

BACKENKÜCHEKOCHENHALBWERT

6. Welches Lernwort gehört in welchen Rahmen?

7. Trenne die Lernwörter aus dem Text! Die Zahl nennt jeweils die Zeile des Textes, in der das Lernwort steht:

(8) . . . . – . . . (4) . . . – . . (1) . . . – . . .

(7) . . . . . . – . . – . . . (3) . . – . . – . . . .

(6) . . – . . . . . . – . . . . – . . . .

8. Vier Lernwörter stecken in den Töpfen:

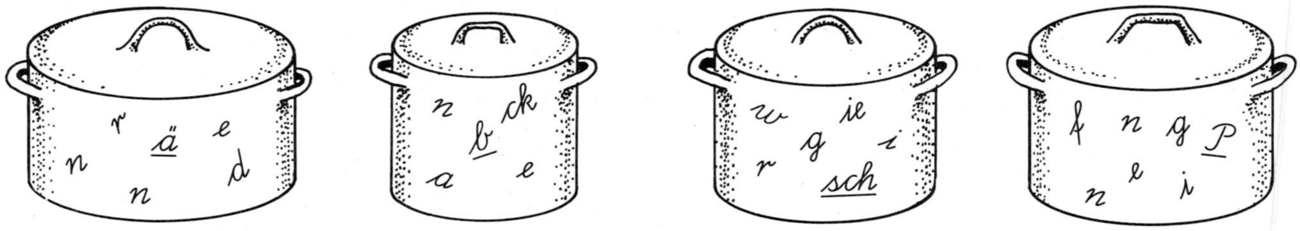

9. Die Maschine ordnet die Fürwörter zu:

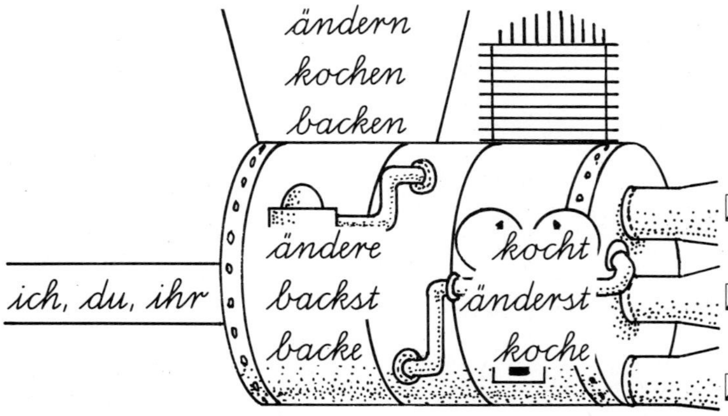

ich , du

ihr , ich

du , ich

10. Kannst du das Rätsel lösen?

								O		L		
							O					
					B			K				
					Ü							
		S	C	H						G		
					F					G		

Wie heißt das Lösungswort?

11. Schreibe die Geschichte „Wie es einmal war" in dein Heft!

Winter

Die Natur liegt unter einer dicken, schweren Schneedecke.
Die Äcker und der zugefrorene See sind weiß vom Schnee.
Die Kinder hüpfen im Schnee umher oder sie rutschen auf dem Eis.
Petra und Andi aber fahren mit dem Schlitten den Berg hinab.
Das ist lustig.

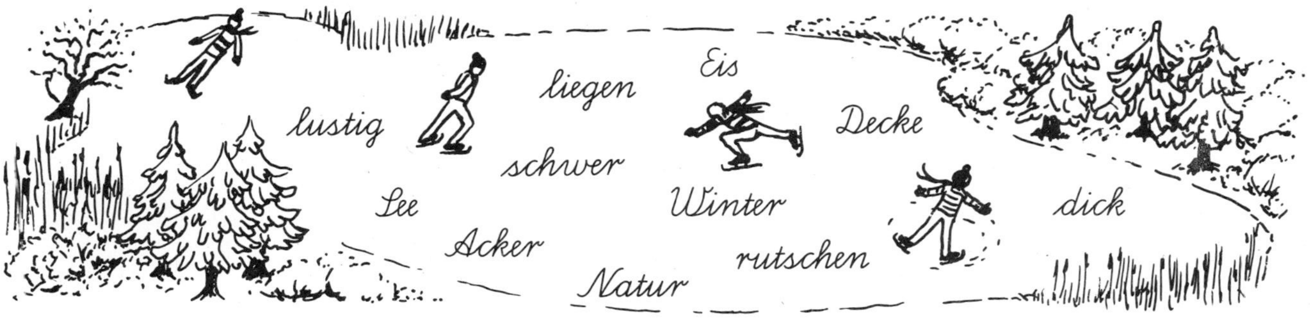

1. Ordne die Lernwörter nach dem Abc der jeweiligen Wortart zu!

Namenwörter: ______________________

____

Zeitwörter: ______________________

Wiewörter: ______________________

2. Schreibe die Lernwörter nach der Anzahl ihrer Buchstaben geordnet in dein Heft!
3 Buchstaben (2), 4 Buchstaben (1), 5 Buchstaben (3), 6 Buchstaben (4), 8 Buchstaben (1)

3. Wie heißt das Gegenteil? Denke an die Lernwörter!

traurig ______ dünn ______ leicht ______

4. Hier gibt es viel zu reimen! Kannst du die neuen Wörter erklären?

Decke	liegen	See
H ______	b ______	Schn ______
Schn ______	kr ______	T ______
E ______	w ______	Kl ______
Str ______	fl ______	F ______

5. Findest du die fünf Lernwörter?

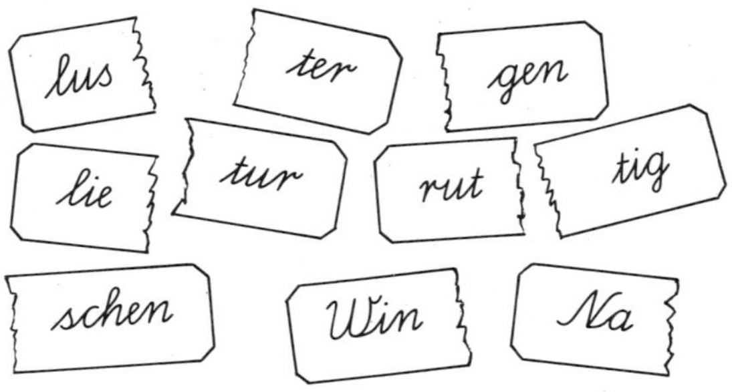

6. Schreibe die Lernwörter auf, die du nicht trennen kannst!

7. Suche die Lernwörter mit „ck“ aus dem Text heraus und schreibe sie, wenn möglich getrennt, auf!

8. Bei einem Lernwort verändert sich der Anfangsbuchstabe, wenn es in der Mehrzahl vorkommt.

ein ______ *viele* ______

9. Jeweils zwei Lernwörter passen zu einer Geheimschrift:

/ ı / ı ı   / ı ı

10. Welche Lernwörter stecken in den Schneemännern?

11. Schreibe die Geschichte vom Winter in dein Heft ab! Unterstreiche dann von den Lernwörtern die Namenwörter grün, die Zeitwörter rot und die Eigenschaftswörter blau!

Max

Max zittert nicht vor dem Zeugnis,
denn Max ist nicht dumm.
Mit Fleiß lernt er auf die Prüfungen,
bis ihm der Kopf raucht.
Texte und Zahlen mag Max nicht,
doch den Sport liebt er. Hier leitet er seine Freunde an.
Gewinnt er beim Spiel, freut er sich,
verliert er, gibt es manchmal stille Tränen der Wut.

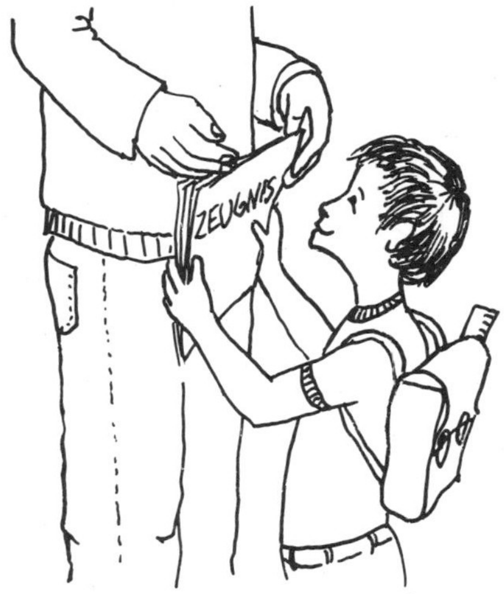

Fleiß zittern Tränen leiten Zahl rauchen Zeugnis Sport Prüfung Text gewinnen Wut dumm

1. Schreibe die Lernwörter zweimal farbig nach, unterstreiche sie dann im Text und vergleiche!
2. Ordne die Lernwörter nach den Wortarten:

Namenwörter (8)	Zeitwörter (4)	Eigenschaftswörter (1)

3. Reime, schreibe und erkläre!

reiten *Hut* *hauchen* *Pfahl*

4. Geheimschrift:

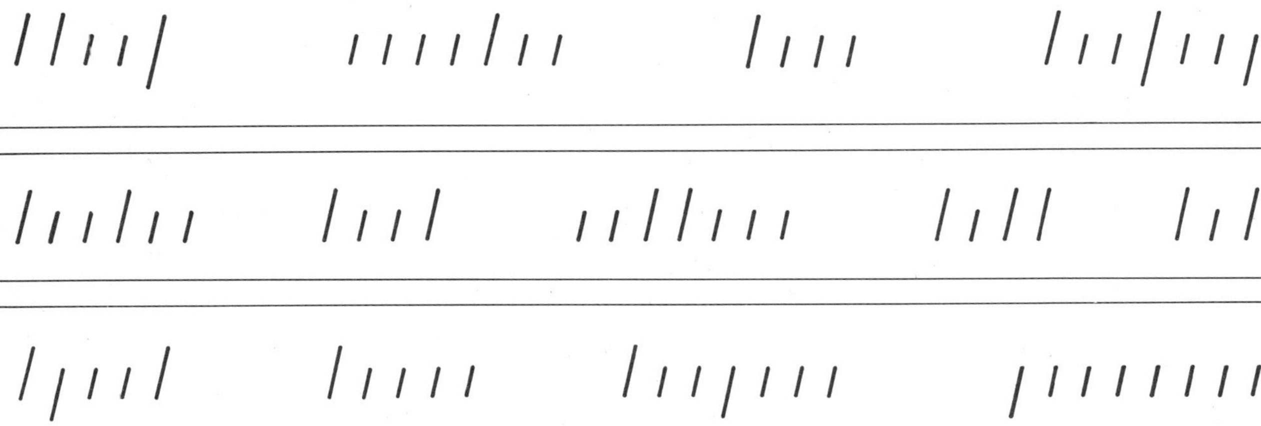

5. Ergänze die fehlenden Silben und schreibe die Lernwörter nach Silben getrennt nochmals auf!

_____fung Zeug_____ _____ten

____

zit_____ Trä_____ _____chen

____

6. Schreibe die Lernwörter mit doppeltem Mitlaut auf!
Schreibe die Lernwörter mit einem Umlaut auf!

7. Lustige Zeugnisse!

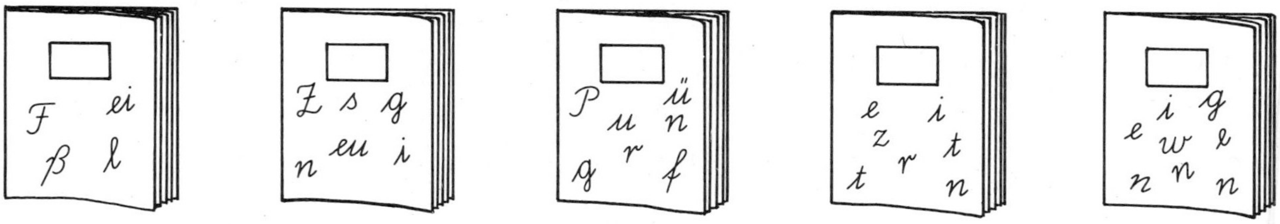

____

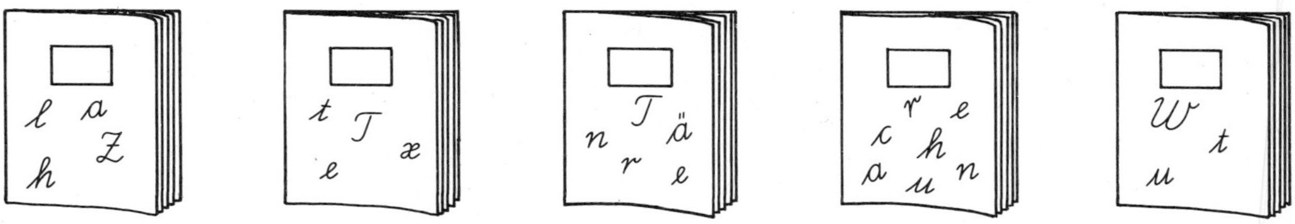

____

8. Wörter können sich verändern. Schreibe die passenden Lernwörter auf!

fleißig – prüfen – texten –
zahlen – sportlich – wütend –
Rauch – Leitung – Dummheit –

9. Übe mit den Zeitwörtern!

ich, du, er, wir

rauchen, rauchst, raucht, rauche
leiten, leitest, leitet, leite
zittern, zitterst, zittert, zittere

10. Schreibe die Geschichte von Max in dein Heft ab!

Ein lustiger Kampf

Stefan und Rudi liegen im Bett.
Erst werfen sie sich die Kissen zu,
dann boxen sie sich.
Sei aber vorsichtig, verlangt der jüngere Stefan.
Da stößt Rudi Stefan an der Schulter.
Stefan fällt gegen einen Stuhl und dann auf den Bauch.
Bist du verletzt?, fragt Rudi.
Stefan lacht nur: Boxen wir wieder?

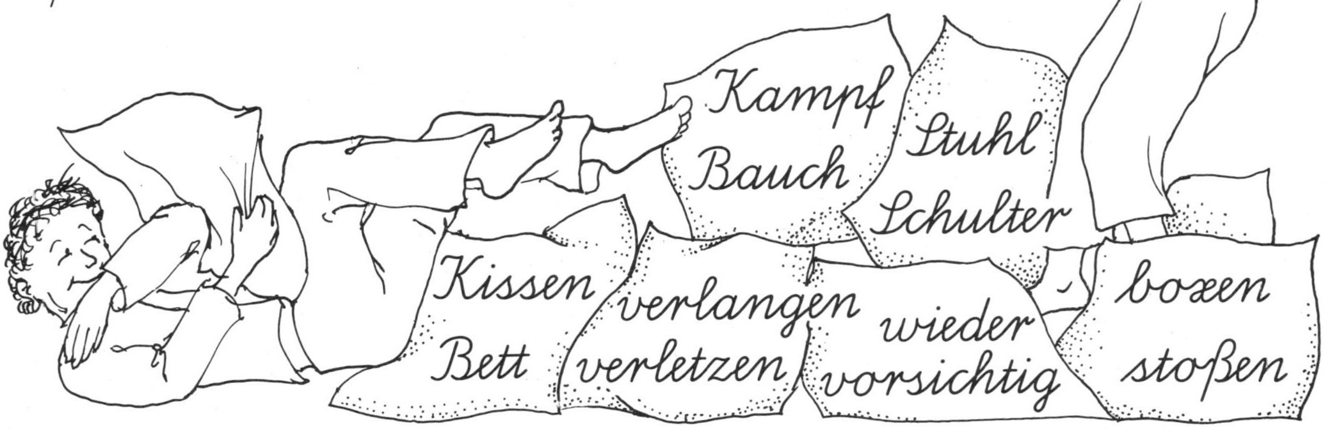

1. Schreibe die Lernwörter auf den Kissen zweimal farbig nach!
2. Ordne die Lernwörter nach der Anzahl der Buchstaben! Beginne mit dem kürzesten Wort!
3. Ordne die Lernwörter nach der Anzahl der Silben!

1 Silbe (4)	2 Silben (5)	3 Silben (3)

4. Schreibe die Lernwörter richtig in die Wortrahmen!

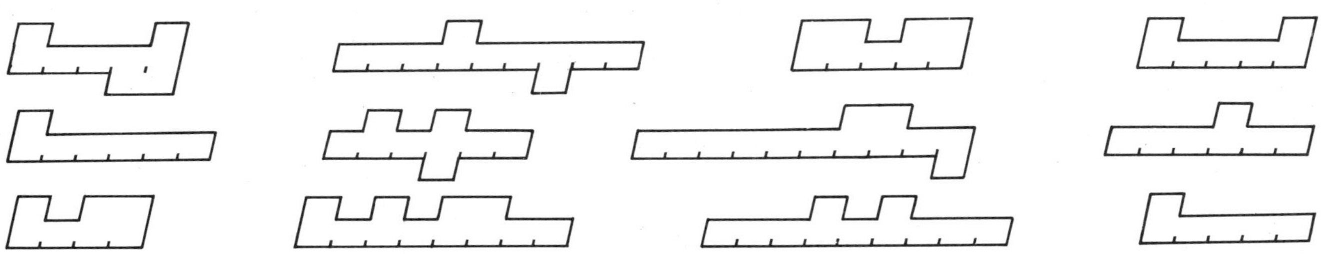

5. Hier sind Buchstaben verschwunden. Ergänze sie!

st . . en Ka . . . K . . . en ver . . n . en w . . der

B . t . Sch . l . er S . u . l B . . ch verl . t . en

6. Setze die folgenden Namenwörter in die Mehrzahl!

der Kampf – die ________ (ä) das Bett – die ________ (en)

das Kissen – die ________ die Schulter – die ________ (n)

der Stuhl – die ________ (ü) der Bauch – die ________ (äu)

7. Purzelwörter in den Kissen!

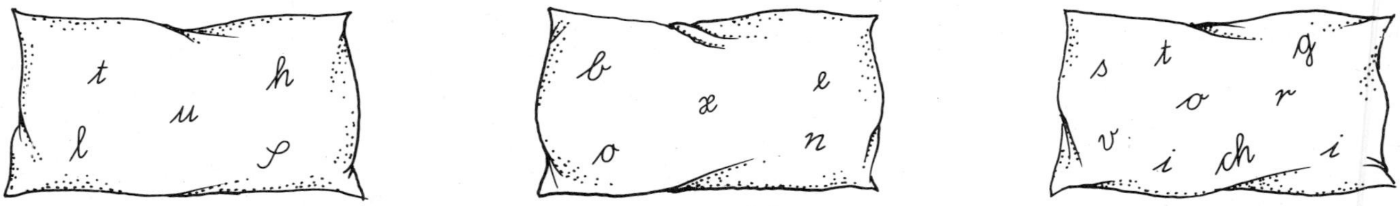

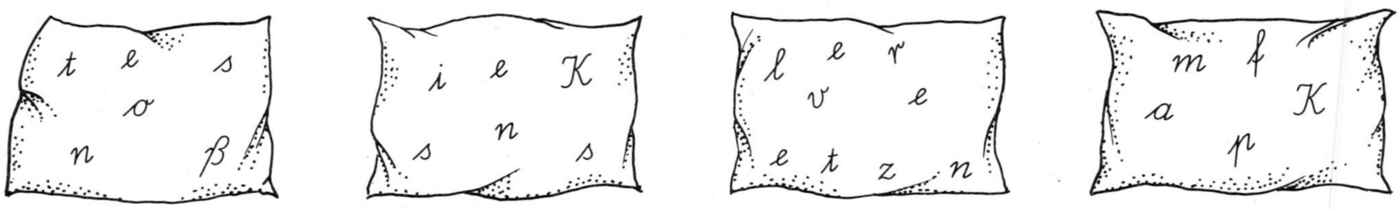

8. Ordne erst richtig zu und schreibe dann in dein Heft!

ich du er wir

boxen	verlangen	stoßen	verletzen
boxe	verlangst	stößt	verletze
boxt	verlangt	stößt	verletzt
boxt	verlange	stoße	verletzt

9. Schreibe den Text „Ein lustiger Kampf“ so auf, als wäre es gestern passiert! Diese Zeitwortformen helfen dir dabei:
lagen – warfen – boxten – verlangte – stieß – fiel – fragte – lachte.

Ein Familienfest

Ritas Augen leuchten vor Freude. Sie heiratet heute. Während schon die Glocken läuten, schlüpft Tom, der kleine Bruder, rasch in seine schönste Hose.
Rita fährt mit ihrem Onkel zur Kirche, vor der ihr die Freunde eine glückliche Ehe wünschen.
Sonst ist Rita immer ein bisschen schüchtern, heute nicht, stellt Vater fest.
Das ist wahr, stimmt Mutter zu.

Ehe
schlüpfen
Glocke
Onkel
bisschen
während

heiraten
immer
schüchtern
leuchten
stimmen
wahr

1. Schreibe die Lernwörter zweimal farbig nach und unterstreiche sie dann im Text!
2. Ordne die Lernwörter nach dem Abc und schreibe sie so ins Heft!
3. Ordne die Lernwörter nach Namenwörtern, Zeitwörtern und Eigenschaftswörtern! In die vierte Spalte kommen die restlichen Lernwörter (andere Wörter).

Namenwörter (3)	Zeitwörter (4)	Eigenschaftswörter (2)	andere Wörter (3)

4. Reime, schreibe und erkläre!

schlüpfen	stimmen	immer	Glocke
h	schw	Z	H
kn	erkl	Sch	
	gl		

5. Wie heißen die Lernwörter mit den folgenden Buchstabengruppen?

– ah –: – ock –: – mm –:

– ra –: – euch –: – äh –:

6. Was gehört zusammen?

On -	wäh -	- men	- fen
schlüp -	schüch -	- chen	- tern
biss -	stim -	- kel	- rend

7. Purzelwörter!

8. Lernworträtsel: In jedem Kästchen hat ein Buchstabe Platz. Die eingerahmten Buchstaben ergeben auch ein Lernwort!

Wie heißt es?

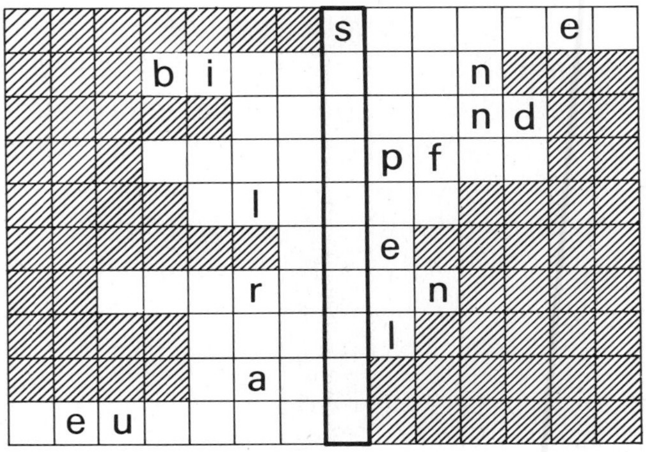

9. Viele neue Wörter entstehen. Ordne richtig zu, erkläre und schreibe!

an aus mit ver ein
her durch zu ab

leuchten
schlüpfen
stimmen

10. Aus Zeitwörtern und Eigenschaftswörtern werden Namenwörter und umgekehrt:

freuen – die . . . . d.; gut – das . . . .; das Glück –
. . . . lich; heiraten – die . . . . . .; leuchten – die . . . .

11. Schreibe die Nachschrift „Ein Familienfest“ in dein Heft ab!

Hasso

Eva rennt mit Hasso im Garten umher.
So wird Hasso nicht fett.
Eva keucht und Hasso hängt die feuchte Zunge heraus.
Hasso mag die Kette nicht.
An ihr reißt er immer ganz wild.
Eva streichelt ihn am Hals und schaut ihm zu,
wie er frisst und trinkt.
Hasso beschützt Eva.
Ob er beißt?

beißen rennen reißen fett
Zunge ganz Hals schützen feucht
streicheln trinken
keuchen Kette fressen

1. Schreibe die Lernwörter zweimal farbig nach, unterstreiche sie dann im Text und vergleiche!
2. Welche Lernwörter gehören zu den Bildern?

 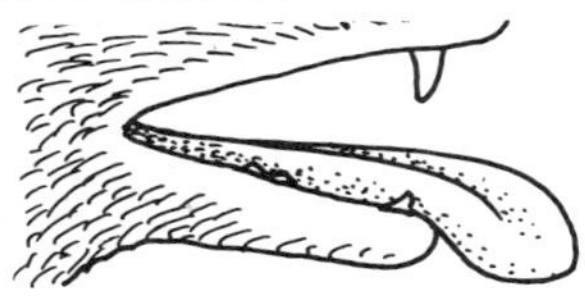 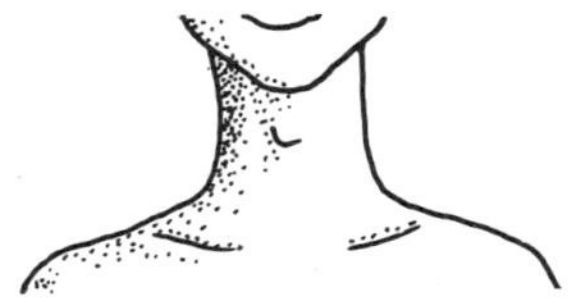

3. a) Drei Lernwörter beginnen mit „f“:

   b) Schreibe die Lernwörter mit doppeltem Mitlaut auf!

   c) Schreibe die Lernwörter mit „ß“ auf!

   d) Schreibe die einsilbigen Lernwörter auf!

   e) Schreibe alle Zeitwörter unter den Lernwörtern auf!

4. Reime und schreibe!

Lunge *nützen* *blinken* *pressen*

brennen *beißen* *reißen* *Tanz*

5. Ein Silbenrätsel: Findest du die zehn Lernwörter?

Zun - te - ren - ßen - cheln - trin - ßen - Ket - fres - zen - chen - schüt - rei - sen - keu - nen - strei - ge - ken - bei

6. Was Hunde alles tun:

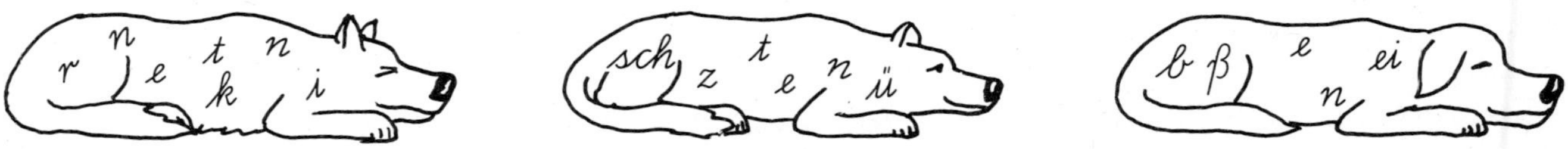

7. Neue Wörter entstehen. Setze sinnvoll zusammen!
Erkläre die neuen Wörter und schreibe sie in dein Heft!

an	*um*	*nach*	*rennen*	
vor	*ab*	*auf*	*reißen*	
be	*aus*	*ein*	*fressen*	*schützen*
ver	*durch*	*mit*	*trinken*	

8. Wörter mit doppeltem Mitlaut. Ergänze die Liste durch Reimen!

nn	ss	tt
r	*f*	*f*
br	*p*	*n*
tr	*e*	*K e*

9. Schreibe die Geschichte von Hasso in dein Heft ab!

Der Dieb

Michael sagte:

Schau dort! Der Mann mit dem Bart und der Mütze in der Stirn!

Ich wette, der stiehlt etwas aus der Fabrik!

Ruhe!, flüsterte Klaus.

Die Kinder schwiegen.

Da bewegte sich der Dieb auf ein Auto zu.

Sofort schrieb Klaus die Nummer auf einen Zettel.

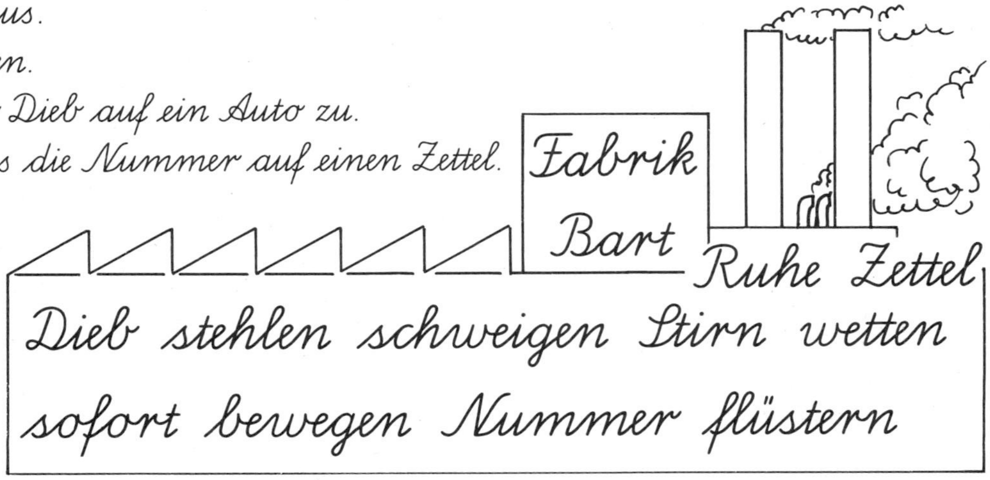

1. Schreibe die Lernwörter zweimal farbig nach, unterstreiche sie dann im Text und vergleiche!
2. Ordne die Lernwörter nach Namenwörtern und Zeitwörtern!

Namenwörter (mit Begleiter)	Zeitwörter

3. Ordne die Lernwörter nach der Anzahl der Silben!

1 Silbe (3)	2 Silben (9)	3 Silben (1)

4. Wie heißen diese Lernwörter?

5. In dieser Wörterschlange verstecken sich vier Lernwörter!

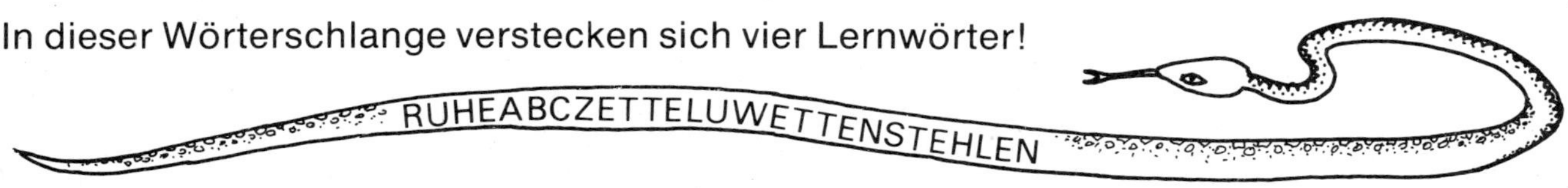

6. Welche Lernwörter gehören zu diesen Wortbausteinen?

uh 1 | mm 2 | tt 3 | ehl 4

eig 5 | üst 6 | br 7 | ie 8

7. Hier sind Silben durcheinander geraten. Kannst du sie wieder richtig zusammensetzen?

wet/gen *so/brik* *steh/ten* *schwei/fort*

Fa/len *Zet/mer* *Ru/tel* *Num/he*

8. Purzelwörter!

9. Setze richtig ein! Bilde im Heft weitere kurze Sätze!

Ich ______ *einen Kaugummi.* (wetten, wette, wettest, wettet)

Der Dieb ______ *aus der Fabrik.* (stehlen, stehle, stiehlst, stiehlt)

Die Kinder ______ . (schweigen, schweige, schweigst, schweigt)

Wir ______ *uns leise.* (bewegen, bewege, bewegst, bewegt)

Du ______ *ihm ins Ohr.* (flüstern, flüstere, flüsterst, flüstert)

10. Schreibe folgende Namenwörter in der Mehrzahl:

der Dieb – die ______ *die Fabrik – die* ______

der Bart – die ______ *die Nummer – die* ______

11. Schreibe die Nachschrift in dein Heft ab!

Die Axt

Peter nimmt mit der Axt Maß.
Er will auf ein Stück Holz schlagen,
trifft aber seine Hand. Sie blutet.
Vater hat es dir doch verboten!, schimpft Mutter.
Sie eilt ans Telefon und lässt ein Taxi kommen.
Es kommt ihnen schon entgegen, als sie aus dem Haus gehen.
Eine Frau sitzt am Steuer.
Peter nimmt neben ihr Platz.
Kurz darauf bremst das Taxi vor der Praxis von Dr. Klug.

1. Auf den Holzstücken stehen die neuen Lernwörter. Fahre sie zweimal farbig nach!

Taxi, *Praxis*, *bremsen*, *verbieten*

Maß, *Stück*, *Steuer*, *entgegen*

Axt, *neben*, *Telefon*

2. Ordne die Lernwörter der Länge nach! Beginne mit dem längsten Wort!
3. Ordne die Namenwörter unter den Lernwörtern nach ihrem Begleiter!

die ...... (2)	das ...... (5)

4. Kannst du die Wörter richtig ergänzen? Setze ein!

eue: ____ *ele:* ____ *aß:* ____

rax: ____ *ems:* ____ *ax:* ____

5. In welche Wortrahmen gehören die Lernwörter?

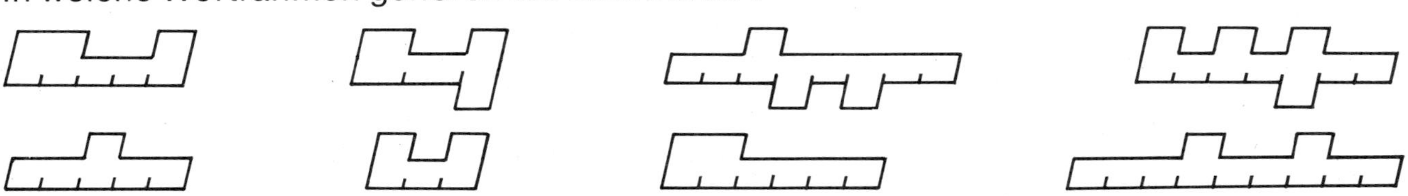

6. Aus 17 Silben werden 7 Lernwörter:
Pra - er - fon - brem - gen - ver - ben - ten - xis - Te - ge - Steu - ne - bie - le - sen - ent

7. In der Telefonleitung haben sich Lernwörter versteckt. Findest du sie?

STÜCKSTEUERAXTTAXIBREMSENPRAXIS

8. Welches Lernwort gehört auf jede Axt?

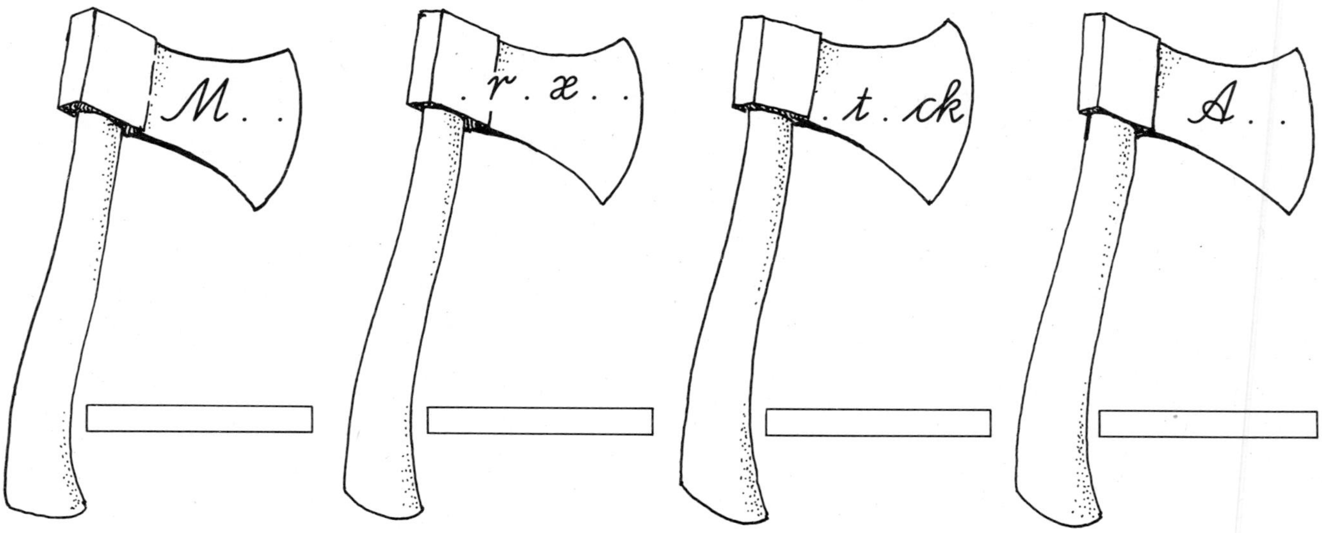

9. Was gehört zusammen? Schreibe alle Beispiele in dein Heft!

ich	du
er	wir
ihr	sie

verbieten, verbietest, bremst,
verbiete, bremsen,
verbietet, bremse.

10. Purzelsätze! Schreibe sie richtig in dein Heft!

mit der Axt Peter nahm Maß
ein Stück Holz Er wollte auf schlagen
Peter seine traf aber Hand
eilte Telefon und ließ Mutter ein ans Taxi kommen

Stefans Schulweg
Zuerst gehe ich zum Markt, wo es Fleisch,
Fisch, Butter, Wurst, Tomaten und vieles
mehr zu kaufen gibt.
An der Post vorbei, wo immer viele Autos
parken, komme ich zur Brücke über den Fluss.
Nun erst links, dann rechts, und schon
bin ich an der Schule.

1. Setze die Lernwörter in die Lücken!

Stefans Schulweg

Zu ______ gehe ich zum ______, wo es ______, ______, ______, ______, ______ und vieles mehr zu kaufen gibt. An der ______ vorbei, wo immer viele Autos ______, komme ich zur ______ über den ______. Nun ______ ______, dann ______, und schon bin ich an der Schule.

2. Ordne die Namenwörter unter den Lernwörtern nach ihrem Begleiter!

der ..... (3)	die .... (5)	das ..... (1)

3. Baue die folgenden Lernwörter auf:

parken	erst	Markt	links	rechts
p				
pa				
				rech
	× ×			
	× ×	× ×	× ×	× ×

4. In der Brücke verbergen sich fünf Lernwörter:

5. Geteilte Wortkarten: Setze sie wieder richtig zusammen!

ken ma par ter te But To

6. Reime, schreibe und trenne!

Brücke –

L

M

7. Bilde die Mehrzahl!

der Markt – *die* (ä, e)

die Wurst – *die* (ü, e)

der Fluss – *die* (ü, ss, e)

8. Purzelwörter in den Körben! Wie heißen sie?

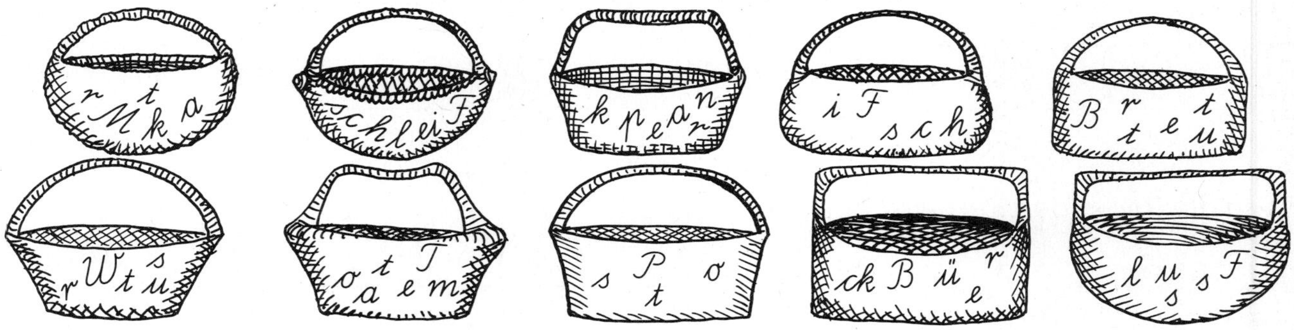

9. Viele neue Wörter entstehen hier. Erkläre sie und schreibe sie ins Heft!

10. Schreibe den Text „Stefans Schulweg“ in dein Heft ab!

Evi in der Küche

Evi weckt ihre Eltern auf und macht extra guten Kaffee.
Wo steckt die Tüte mit Zucker?
Mit dem Löffel schöpft sie Honig aus dem Glas
und lässt ihn auf zwei Butterbrote tropfen.
Soll ich euch etwas mixen?, fragt Evi.
Ich mache auch nichts dreckig!
Wie immer!, spottet Mutter lachend
und steckt sich ein Stück Brot in den Mund.

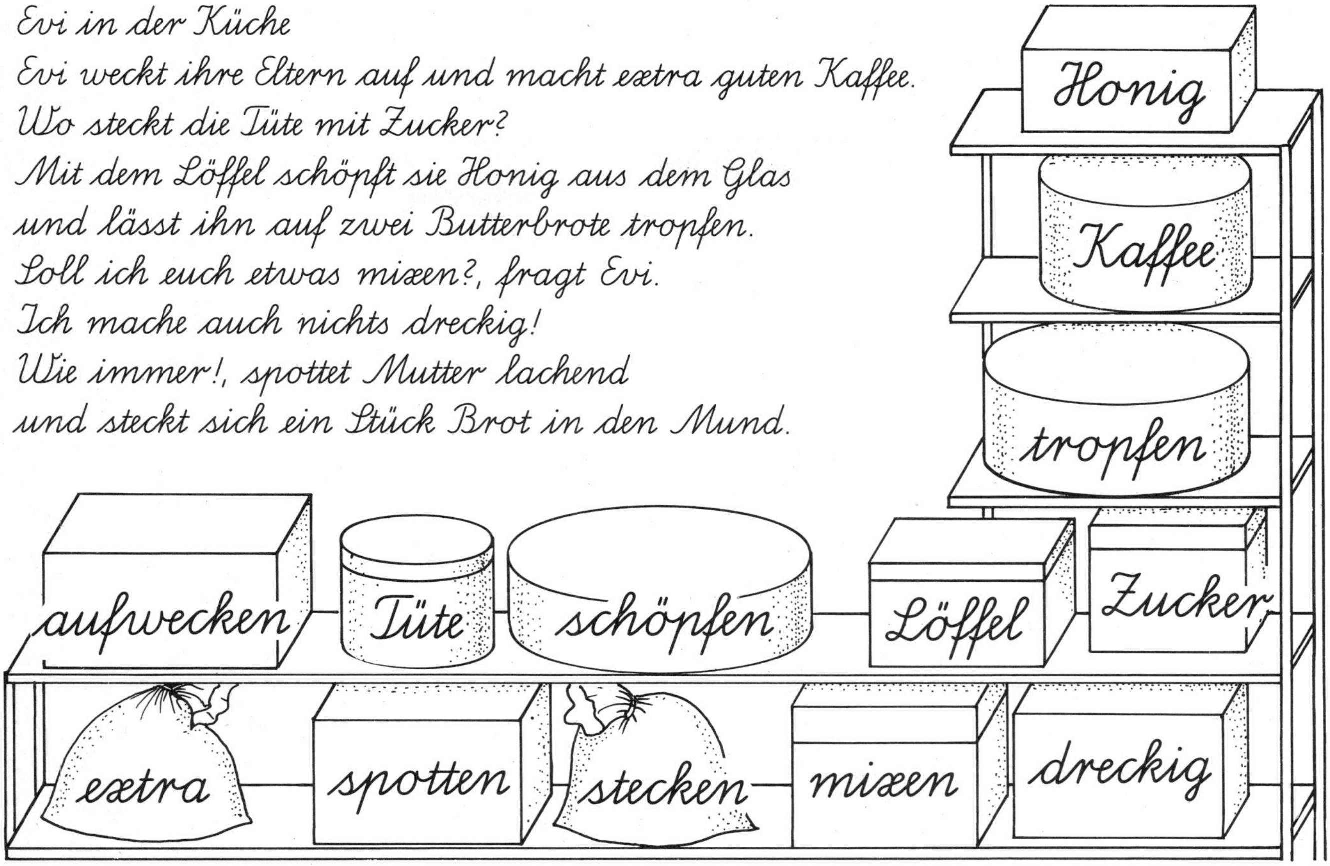

1. Schreibe die Lernwörter zweimal farbig nach und unterstreiche sie dann im Text!
2. Schreibe die Lernwörter mit - ck - auf!

3. Schreibe die Lernwörter mit doppeltem Mitlaut auf!

4. Es bleiben sechs Lernwörter übrig. Schreibe sie auf!

5. Welche Kaffeetassen passen zusammen?

6. Hier sind auch Buchstabengruppen durcheinander geraten:

Ka **pf** ee   schö **ff** en   Lö **tt** el   spo **ff** en

Zu **pf** er   tro **ck** en   ste **x** en   mi **ck** en

7. Trenne die Lernwörter!

Zucker: ______ *aufwecken:* ______

stecken: ______ *dreckig:* ______ *tropfen:* ______

Löffel: ______ *schöpfen:* ______ *Kaffee:* ______

8. Durcheinander im Regal!

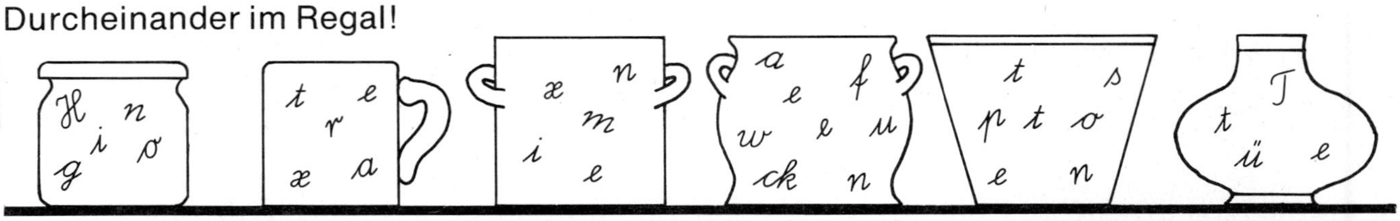

9. Bilde Sätze und schreibe sie in dein Heft!

Ich	*mixe, mixt, mixt, mixen*	*den Honig auf das Brot.*
Evi	*schöpfe, schöpfst, schöpft, schöpfen*	*Verdacht, dass in der Küche alles dreckig ist.*
Du	*spotte, spottest, spottet, spotten*	*über Annas Kochkünste.*
Die Eltern	*stecke, steckst, steckt, stecken*	*ein frisches Getränk.*
Susi und Peter	*tropfe, tropfst, tropft, tropfen*	*den Honigfinger in den Mund.*

10. Neue Wörter entstehen. Erkläre und schreibe sie in das Heft!

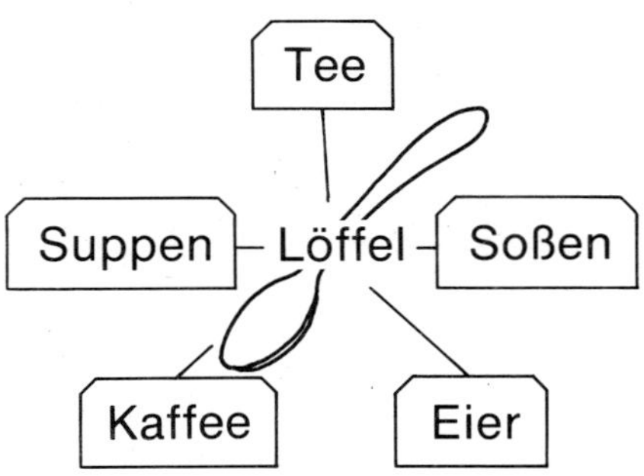

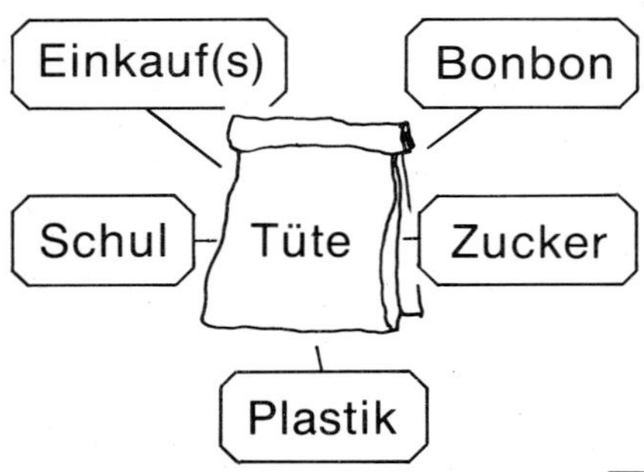

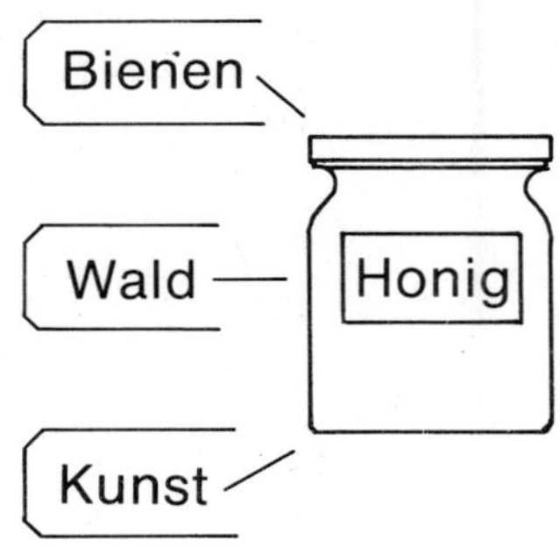

11. Schreibe die Geschichte „Evi in der Küche“ in dein Heft ab!

Im Garten
Mutter und Susi pflanzen Gemüse und Salat.
Susi holt die Steine heraus und drückt die Erde fest.
Lass den Salat nicht ersticken!, warnt Mutter.
Die Rosen wachsen schon, freut sich Susi.
Darum brauchen wir bald lange Stäbe und etwas Draht
und im Sommer viel Wärme, erklärt Mutter.

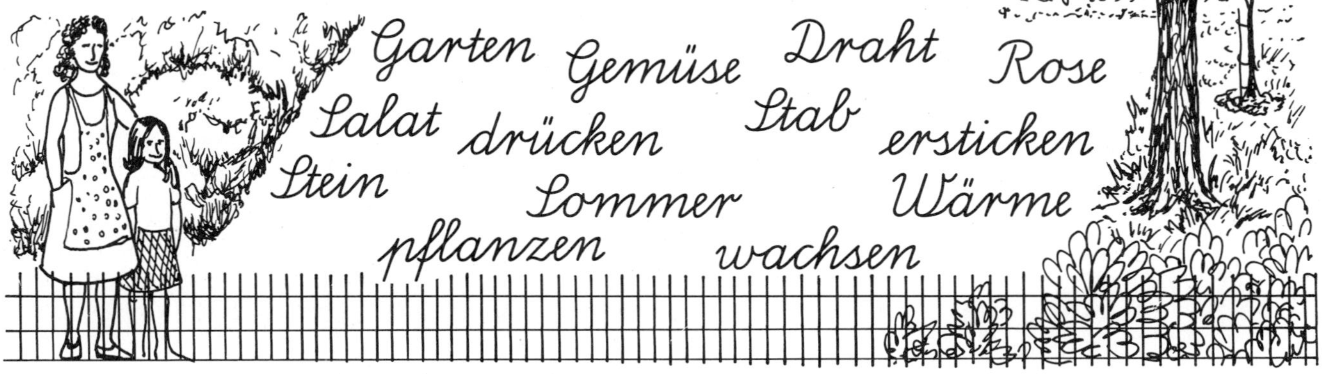

1. Fahre die Lernwörter zweimal farbig nach und unterstreiche sie dann im Text!
2. Ordne die Lernwörter nach Namenwörtern und Zeitwörtern!

Namenwörter (mit Begleiter) (9)	Zeitwörter (4)

3. Schreibe die Lernwörter auf, die mit einem „n“ enden!

4. Erkennst du die folgenden Lernwörter?

5. Baue die Lernwörter Salat, Rose, Stab, Wärme auf!

S R S W

x x x x

6. Im Eimer ist manches durcheinander geraten. Kannst du helfen?

7. Fünf Silben ergeben zwei Lernwörter.

8. Purzelwörter in den Blüten:

9. Manche Wörter verändern sich in der Mehrzahl:

der Stab — der Garten — der Draht

die — die — die

10. Beachte die Endungen! Was gehört zusammen? Bilde hier vier Sätze mit „pflanzen“:

Ich ... Gemüse.

Du ... Salat an.

Er ... kleine Sträucher.

Wir ... Tomaten.

11. Ordne mit Pfeilen richtig zu und schreibe dann in dein Heft!

wächst — wachsen — wachse — wächst — wachsen — wachst

ich — du — er — wir — ihr — sie

12. Neue Wörter entstehen. Erkläre und schreibe sie in dein Heft!

ein — zu — be — ab — weg

pflanzen
drücken

13. Schreibe den Text „Im Garten“ in dein Heft!

Ein neuer Käfig

Hansis neuer Käfig ist weder zu teuer noch zu billig,
sondern der Preis ist gerade recht.
In den Käfig hängt Anne eine steile Treppe
und darüber zwei Kugeln.
Dann macht sie das Schloss zu.
Schon turnt Hansi auf der Treppe und
schüttelt die Kugeln hin und her.
Jeden Tag gibt Anne ihm Futter und wechselt das Wasser.

1. Welche Lernwörter sind hier abgebildet?

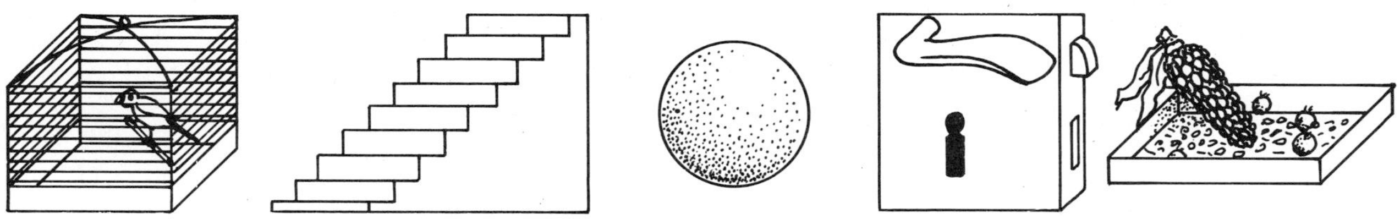

2. Hier sind die restlichen Lernwörter. Fahre das gleiche Lernwort in der gleichen Farbe nach!

billig steil teuer billig turnen teuer
schütteln sondern turnen steil wechseln
sondern wechseln schütteln

3. Ordne alle Lernwörter nach dem Abc und schreibe sie auf!
4. Auf den Silbenrädern verstecken sich Lernwörter. Schreibe ins Heft!

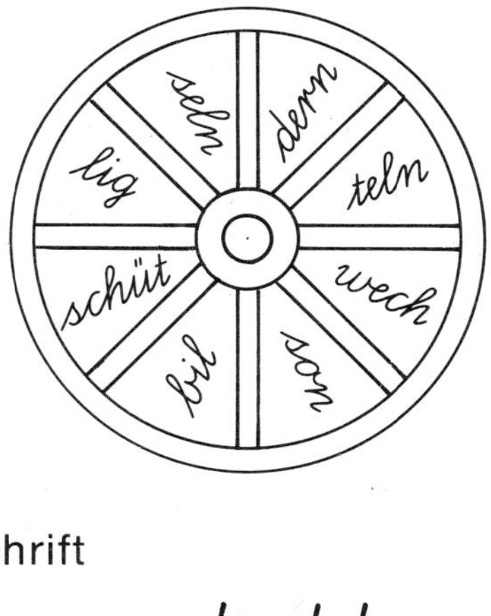

5. Geheimschrift

6. Erkennst du die Lernwörter? Ergänze!

. ä i . . . o . . e . . . . . ü . . . l . . . eu . . . . ei .

7. Hier sind Buchstaben in das falsche Wort geraten!

Trette schülleln Kuchel wegseln bittig Fupper

8. An welche Lernwörter denken die Mädchen?

9. Was gehört zusammen?

schüttel: n, n, t, ich, du, er, st, t, e, sie, ihr, wir

wechsel: n, t, n, ich, du, er, t, e, st, sie, ihr, wir

10. Ein schwieriges Lernwort in Einzahl und Mehrzahl!

das Schloss – die (ö, ss, er)

11. Aus Namenwörtern werden Zeitwörter!

die Kugel → e k u g n l →

das Futter → t e f ü n t r →

das Schloss → ie sch e l ß n →

12. Hier entstehen viele neue Wörter in den verschiedensten Bedeutungen. Erkläre und schreibe!

(3 Wö) ←

→ (6 Wö)

Garten	Tür	Hof
Park	Auto	Hund
Uhr	Herr	Keller

13. Schreibe die Geschichte „Ein neuer Käfig“ in dein Heft!

In den Bergen

Klaus und sein Vater wandern seit zwei Stunden.
Sie machen Pause bei einer Bank.
Klaus setzt sich lieber auf einen dicken Stamm.
Er isst ein Stück Wurst.
Er schimpft auf sein stumpfes Messer, das schon rostet.
Welcher Gipfel ist eigentlich unser Ziel?, fragt Klaus.
Siehst du das Kreuz auf der Spitze da oben?, fragt Vater zurück.
Da zieht ein Gewitter auf. Nun rette sich wer kann!

1. Auf den Wegweisern sind unsere Lernwörter. Schreibe sie farbig zweimal nach und unterstreiche die Lernwörter dann im Text!

2. Schreibe zu den Bildern die passenden Lernwörter!

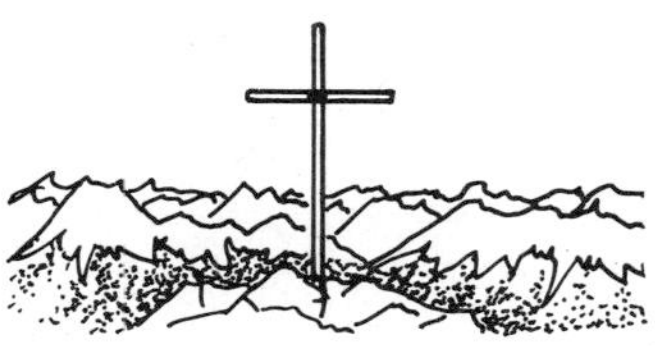   

3. Wie heißen die einsilbigen Lernwörter? Schreibe sie auf! (5)

4. Reime, schreibe und erkläre!

viel Ritze Schrank kosten dumpf

Z Sp B r st

5. Silbenrätsel! Verbinde mit Strichen und schreibe dann!

6. Welche Lernwörter passen in die Wortrahmen?

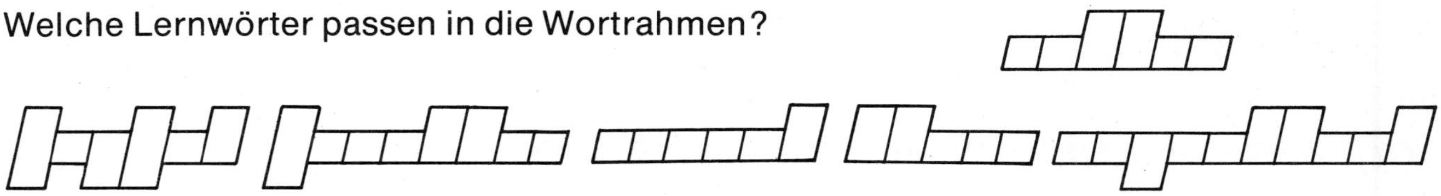

7. Was steht im Gipfelbuch? Suche das Lösungswort!

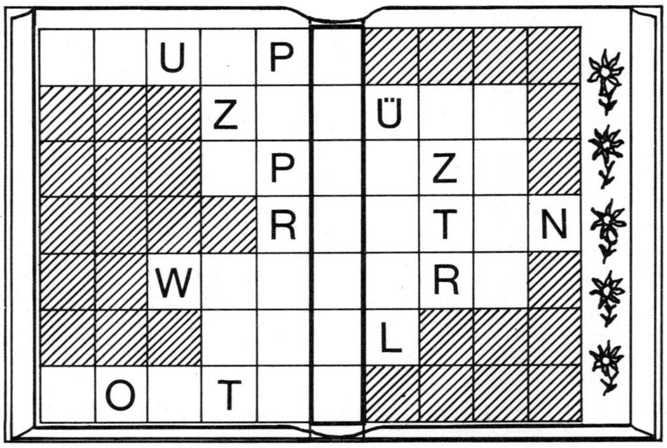

Das Lösungswort heißt:

8. Purzelwörter im Rucksack:

9. Aus drei Namenwörtern und einem Zeitwort werden vier Eigenschaftswörter:

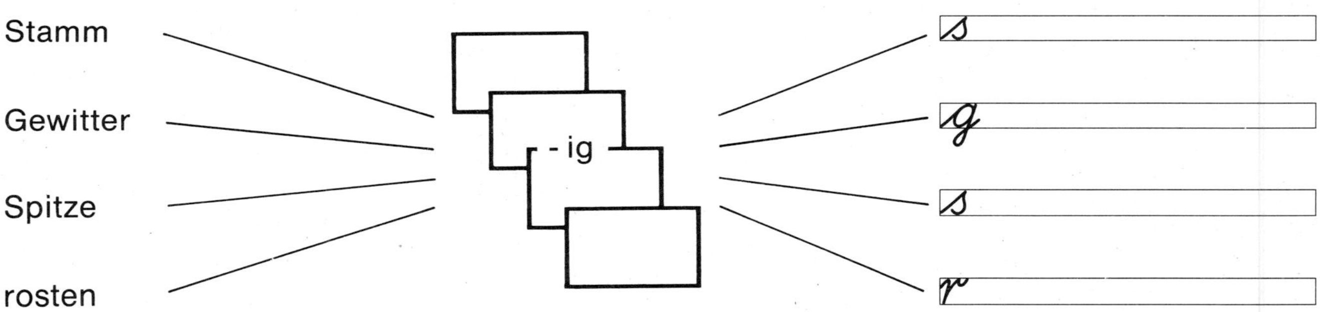

10. Aus Zeitwörtern werden Namenwörter:

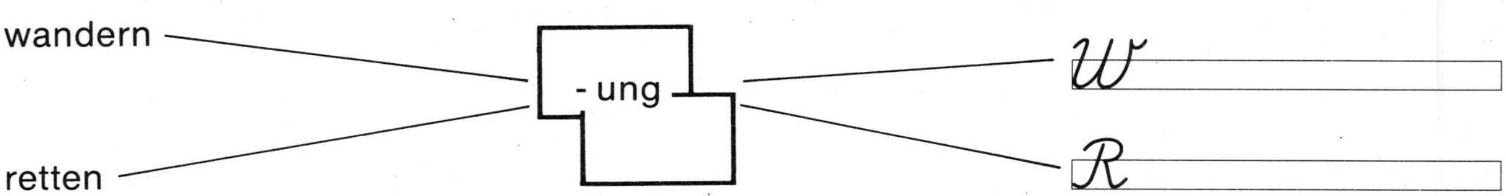

11. Einzahl und Mehrzahl durch „ä“ und „e“!

der Stamm – die *die Bank – die*

12. Schreibe die Geschichte „In den Bergen“ in dein Heft ab!

Bald sind Ferien

Familie Huber bereitet sich auf die Ferien vor.
Alle lassen sich impfen und lesen viel über ihr Ferienziel.
Es ist ein großes Hotel in einer schönen Gegend am Meer
mit einem tausend Meter langen Strand.
Anne kann dort baden, schwimmen, tauchen und auch reiten.
Vater will viel rudern, Zeitung lesen und vom Boot aus angeln.
Das werden schöne Ferien!, sagt Mutter.

Ferien angeln Hotel baden Gegend
tausend Zeitung impfen tauchen
schwimmen Strand
Meer rudern reiten Boot

1. Schreibe die Lernwörter zweimal farbig nach und unterstreiche sie dann im Text!
2. Ordne die Lernwörter nach Namenwörtern und Zeitwörtern:

Namenwörter (mit Begleiter) (7)	Zeitwörter (7)

3. Ein Lernwort bleibt übrig. Wie heißt es?
4. Auf den Wellen schwimmen Silben unserer Lernwörter. Wie heißen sie?

5. Anne hat Wortkarten in den Sand gesteckt. Kannst du sie trotzdem lesen?

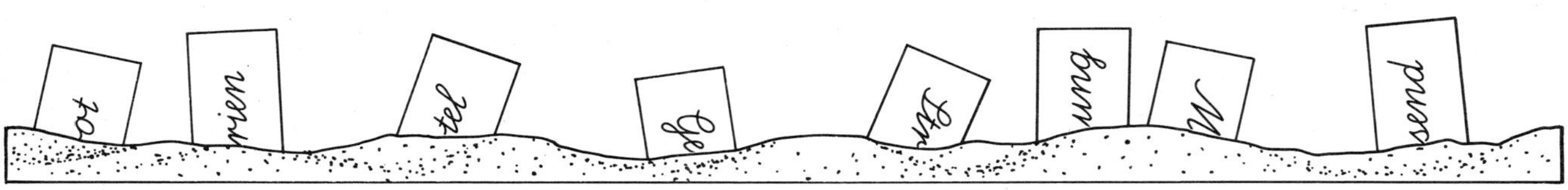

6. Purzelwörter!

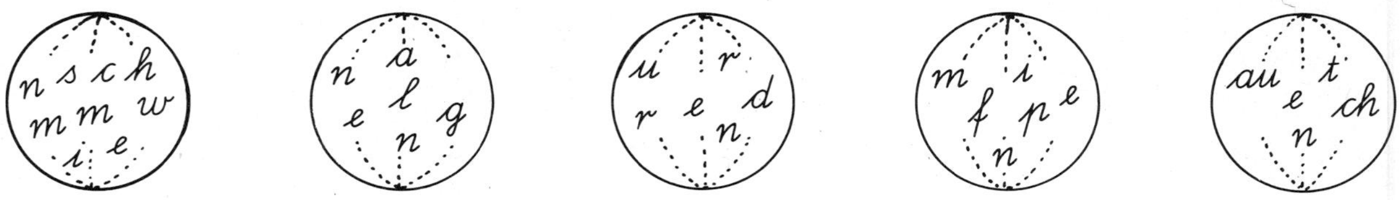

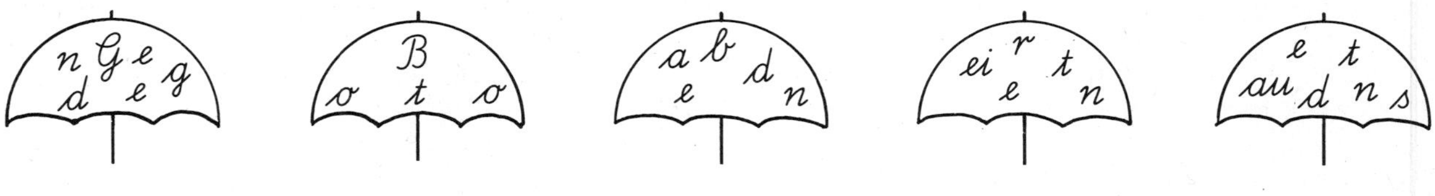

7. Achtung bei der Mehrzahl!

die Gegend – die *die Zeitung – die*

der Strand – die *das Hotel – die*

8. Zeitwörter und ihre Endungen: Was gehört zusammen? Schreibe in dein Heft!

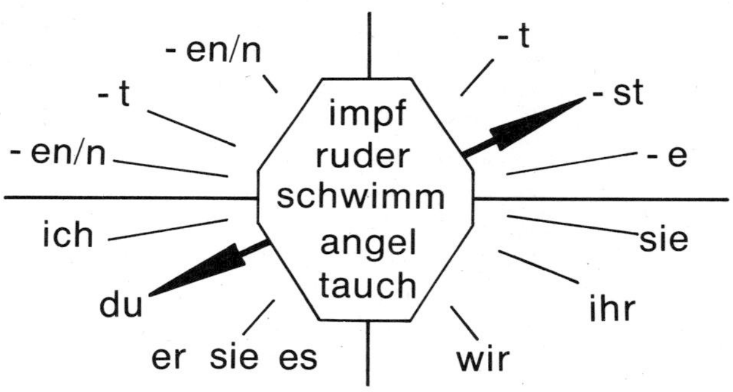

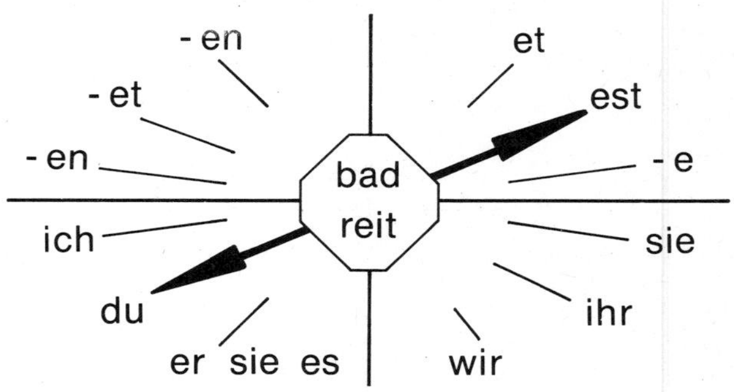

9. Viele neue Wörter entstehen. Erkläre und schreibe!

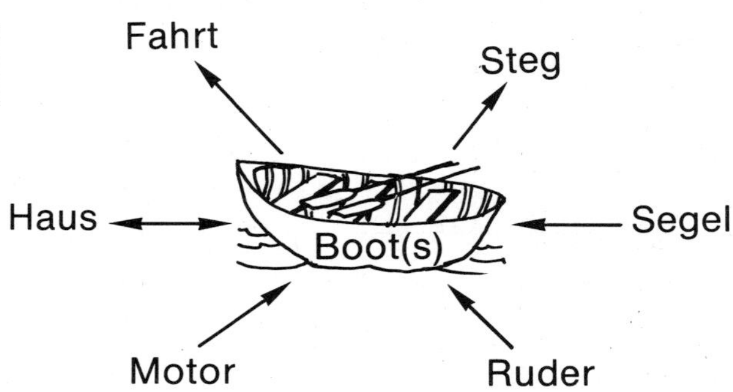

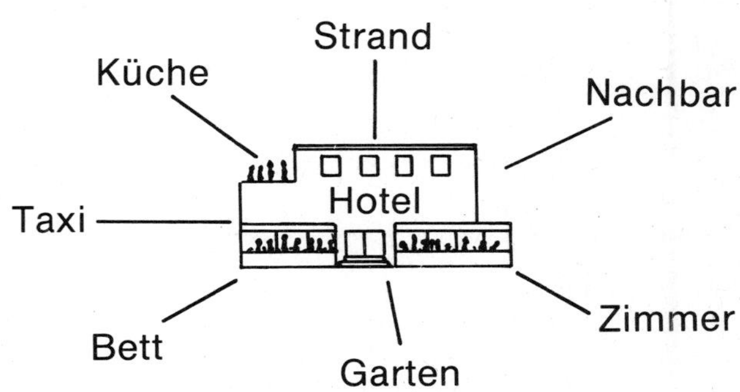

10. Schreibe die Geschichte „Bald sind Ferien“ in dein Heft ab!

Hier kannst du Namenwörter mit doppeltem Mitlaut üben

Fahre das Wort nach und schreibe es ab!	Ergänze das Wort und schreibe es richtig auf!	Trenne das Wort!	Schreibe und vergleiche!
das Kissen	das Ki__en	____ -	das
der Pfennig	der Pfe__ig	____ -	der
die Spannung	die Spa__ung	____ -	die
das Futter	das Fu__er	____ -	das
das Gewitter	das Gewi__er	____ -	das
der Schlitten	der Schli__en	____ -	der
der Zettel	der Ze__el	____ -	der
die Treppe	die Tre__e	____ -	die
der Löffel	der Lö__el	____ -	der

Hier kannst du Zeitwörter mit doppeltem Mitlaut üben

Fahre nach und schreibe ab!	Trenne das Wort und schreibe getrennt!	Setze das Zeitwort in der richtigen Form ein!	Setze das Zeitwort in der richtigen Form ein!
schwimmen	schwim|men -	du	er ist heute gut
fressen	fressen -	er	der Hund hat viel
vergessen	vergessen - -	du	er (!) a es
gewinnen	gewinnen - -	du	er hat
rennen	rennen -	sie	wir a um die Wette
schütteln	schütteln -	er	ich habe mich
spotten	spotten -	du	er ver te ihn
wetten	wetten -	ich	er hat
zittern	zittern -	ihr	du hast vor Angst

Achtung bei der Mehrzahlbildung!

Fahre nach und schreibe ab!	Bilde die Mehrzahl!	Fahre nach und schreibe ab!	Bilde die Mehrzahl!
der Acker	die	der Kampf	die
die Axt	die	der Markt	die
der Bart	die	der Raum	die
der Bauch	die	das Schloss	die ss
der Block	die	der Spaß	die ß
der Bruder	die	der Stamm	die
der Draht	die	der Strand	die
der Fluss	die ss	der Stuhl	die
der Garten	die	die Wurst	die

Achtung beim Trennen der Lernwörter!

Fahre nach und schreibe ab!	Trenne richtig!	Schreibe das Wort getrennt in der richtigen Form!	Neue Wörter entstehen! Schreibe mit Trennungsstrich!
flüstern	flüstern –	du –	zu – –
blicken	blicken –	wir –	er – –
drücken	drücken –	wir –	durch – –
stecken	stecken –	wir –	ein – –
putzen	putzen –	ich –	ab – –
schützen	schützen –	wir –	be – –
Glocke	Glocke –	die –	die Kirchen- –
Zucker	Zucker –	die – – tüten	der Würfel- –
Spitze	Spitze –	die –	die Berg- –

Achtung beim Trennen der Lernwörter!

Fahre nach und schreibe ab!	Ergänze das Wort und schreibe es richtig auf!	Trenne richtig!	Schreibe das Wort getrennt in der richtigen Form!
rosten	ro____en	rosten –	das Auto –
einpacken	einp____en	einpacken –	wir – ein
ersticken	erst____en	ersticken –	wir – – das Feuer
dreckig	dr____ig	dreckig –	die – – Stiefel
Schwester	Schw____er	Schwester –	die – n
schrecklich	schr____lich	schrecklich –	der – – Unfall
Brücke	Br____e	Brücke –	die – en
Pfütze	Pf____e	Pfütze –	die Regen- –
verletzen	verl____en	verletzen –	wir – – uns nicht

Hier übst du Lernwörter mit „ie“

Fahre nach und schreibe ab!	Ergänze das Wort und schreibe es nochmals!	Trenne, wo es möglich ist!	Schreibe das Wort richtig! Vergleiche!
der Frieden	der Fr__den	der Frieden	
biegen	b__gen	biegen	
liegen	l__gen	liegen	
schieben	sch__ben	schieben	
schließen	schl__ßen	schließen	
verbieten	verb__ten	verbieten	
verlieren	verl__ren	verlieren	
schwierig	schw__rig	schwierig	
wieder	w__der	wieder	

Aus Zeitwörtern werden Namenwörter!

Fahre nach und schreibe ab!	Wie heißt das dazugehörende Namenwort?	Fahre nach und schreibe ab!	Wie heißt das dazugehörende Namenwort?
backen	der	fressen	der (!)
baden	das	gewinnen	der
beginnen	der	grüßen	der
beißen	der	hängen	der
beten	das	heiraten	die
blicken	der	kochen	der
bremsen	die	leuchten	die
drücken	der	lügen	die
fahren	die	pfeifen	der

Aus Zeitwörtern werden Namenwörter!

Fahre nach und schreibe ab!	Wie heißt das dazugehörende Namenwort?	Fahre nach und schreibe ab!	Wie heißt das dazugehörende Namenwort?
raten	der	sprechen	die
reißen	der	stoßen	der
reiten	der	stürmen	der
rosten	der	stürzen	der
rutschen	die	trinken	der
schließen	das	wachsen	das
schützen	der	wählen	die
singen	der	wetten	die
sorgen	die	wünschen	der

Lernzielkontrolle 1

Datum: ______________	*Name:* ______________________

In unserer Schule

Das Schuljahr hat längst [ ] . Viele Schüler bekamen einen neuen [ ] . Die Klasse 3 a wird nun von [ ] Blanke geleitet. Sie stellte sich am ersten Schultag den Kindern vor, nannte ihren [ ] und [ ] darüber, wie die Jungen und [ ] ihre [ ] sollen. Unter anderem erklärte sie auch die Klassenordnung.

Danach sollen die Kinder sich vor Beginn des [ ] an ihre Tische [ ] und ihren [ ] herrichten. Sie können dann [ ] , lesen, plaudern, ihre [ ] mit dem [ ] vergleichen oder sich auf den Schultag [ ] .

Manche Kinder bekamen ein besonderes [ ] übertragen. Zwei Schüler sind dafür verantwortlich, dass die Blumen [ ] werden. Wenn [ ] an die Türe [ ] , öffnet ein bestimmter Schüler, der den Besucher im Namen der Klasse [ ] .

Einige andere Kinder [ ] immer die Mappen und Bücher ein oder teilen sie aus, wieder andere [ ] immer die Lehrmittel für die [ ] . Die Kinder an der Fensterreihe [ ] und öffnen die Fenster. Beim Stundenwechsel und am Ende des Schultages dürfen zwei Schüler die __________ .

Viele Dinge jedoch muss jeder Schüler __________ machen, wenn die Klasse in Ordnung bleiben soll. So muss jedes Kind seine Schulsachen __________ , seinen Platz und den __________ verlassen. Die Kinder sollen nicht in die __________ und schon gar nicht drängeln und __________ , damit niemand __________ und verletzt wird.

Die __________ versprach dafür, für __________ und __________ in der Schule zu __________ und möglichst wenig zu __________ . Außerdem will sie mit den Kindern in das Schullandheim __________ .

Da finden die Schüler der Klasse 3 a ihre __________ gar nicht mehr so __________ , sondern sehr __________ .

richtige Wörter: ___	Note: __________

Lernzielkontrolle 2

Datum: __________	Name: __________

Von Oktober bis Weihnachten

Im __________ spielt Andi besonders gerne im Freien, wenn es stürmt und regnet und der Wind __________ und __________ . Dann zieht Andi seinen Anorak, seine alte, schon __________ Hose und seine Gummistiefel an und __________ in jede __________ , die er finden kann, dass das Wasser nur so spritzt. Andi sieht die __________ Blätter, die in vielen __________ noch an den Bäumen __________ ; sie werden vom Sturm __________ und __________ dann durch die Luft. Die Äste der Bäume __________ sich im Wind und die letzten Kastanien fallen zur Erde. Andi und sein __________ Tom sammeln sie mit einer kleinen __________ ein. Die abgefallenen Blätter rechen sie im Garten zu einem großen __________ zusammen. Dann entfernen sie den __________ vom Rechen und __________ sich die Hände mit __________ . __________ gehen sie ins Haus und machen sich einen gemütlichen Abend.

Andi liest im Kalender, dass im November __________ der __________sonntag und der Volkstrauertag sind. Er weiß von den vergangenen Jahren, dass am Volkstrauertag die __________ besonders für jene Frauen, __________ und Kinder zu __________ , die im __________ ihr Leben lassen mussten. Sie __________ für das Vaterland, hat Andi voriges Jahr auf einem Gedenkstein gelesen. Der Pfarrer hatte in der ______ gesagt, dass wir nie die ______ des ______ und für den ______ eintreten sollten.

Nach dem Volkstrauertag dauert es nicht ______ lange bis Weihnachten. Andi macht sich ______ , was er sich wünschen und was er seinen ______ schenken soll. Seine ______ wünscht sich ein neues ______ und Tom will einen ______ . Andi würde gerne die ______ für das Weihnachtsfest ______ . Er ______ gerne mit gutem Essen. Die letzten ______ vor der Bescherung am Heiligen Abend dauern für Andi immer zu lange. Ich ______ , dieses Jahr kann ich es wieder nicht erwarten, sagt Andi.

richtige Wörter: ___	Note: ___

Lernzielkontrolle 3

Datum: ______________ Name: ______________________

Oma erzählt

An einem schönen ______ sitzen die Kinder gemütlich bei Oma im Wohnzimmer. Sie haben die ______ ganz nah zu Oma gerückt, denn sie erzählt, wie es früher war. ______ an ______ sitzen die Kinder und lauschen. Opa sitzt in seinem Sessel und ______ eine Pfeife. Andi hat sich ein ______ und eine ______ geholt und ______ auf dem ______ .

Seit meiner Jugend hat sich viel ______ , plaudert Oma. Zu meiner Zeit wurde noch viel mehr mit ______ geheizt. Die ______ in der Küche war beispielsweise viel ______ als heute, da es noch nicht so viele Geräte gab, die mit ______ betrieben werden. ______ , ______ oder ______ war ______ oft recht mühsam. Andererseits war vieles besser als heute. Für nur wenige ______ bekam man zum Beispiel eine Semmel. Das Geld war eben mehr ______ als heute. In der Schule ist nach Omas Ansicht zwar vieles anders geworden, ein bisschen Angst vor dem ______ hat sie aber auch damals gehabt. Die ______ waren bestimmt nicht so schwierig wie heute, aber ______ musste man immer schon sein, meint Oma. ______ musste ich ein Gedicht auswendig lernen, erinnert sie sich. Als ich es dann aufsagen sollte, hatte ich vor Aufregung den ________ vergessen. Das Fach Rechnen habe ich sehr gerne gehabt, doch heute kann ich mir keine ________ mehr merken. Im ________ war ich nicht besonders gut, da ich als Kind ein wenig zu ________ war, doch fand ich den Unterricht immer recht ________ . Schlimm war es, wenn wir beim Ballspiel nicht ________ . Oft kamen mir dann vor ________ die ________ , wenn ich nicht gut genug ________ hatte. Beim nächsten Mal waren wir aber alle ________ ________ .

Nun habe ich aber genug erzählt! Ab mit euch ins ________ ! Mit diesen Worten hört Oma auf zu erzählen und die Kinder gehen schlafen.

Am nächsten Tag spielen sie im Freien. Der ________ ist zugefroren und die Kinder ________ auf dem ________ umher. Sie ________ im Schnee und freuen sich über den schneereichen und kalten ________ , der die ________ für sie zu einem großen Spielplatz macht. Sie ________ sich im Spaß in den Schnee und ________ mit dem ________ . Passt auf und ________ euch nicht!, mahnt Mutter oft. Manchmal ________ die Kinder aber auch vor Kälte. Dann kommen sie nach Hause, freuen sich über den schönen Tag und auf Großmutters nächste Erzählung.

richtige Wörter: ____	Note: ________

Lernzielkontrolle 4

Datum: __________

Name: __________

Allein zu Hause

Die __________ war zum großen __________ versammelt. Auch __________ Max mit seinem lustigen __________ und viele __________ waren da. Marion hörte schon die __________ läuten. Sie __________ rasch in ihr neues Kleid, denn Rita __________. In die Haare steckte sich Marion Blumen und die __________ schmückte ein Band. Um den __________ trug Marion eine hübsche __________. Als Marion in den Spiegel sah, __________ ihre Augen vor __________. Ihre Kleidung machte Marion jedoch auch ein __________ unsicher, denn sie war ihr ungewohnt. Etwas __________ mischte sie sich unter die vielen Hochzeitsgäste. Gemeinsam __________ alle zur __________. Nur Hasso, Marions Hund, musste zu Hause bleiben. __________ des großen Mittagessens musste Marion dauernd an ihren Hund denken. Am Nachmittag zog es Marion vor nach Hause zu gehen. Mit Hasso zu spielen fand sie viel schöner, als den Reden der Erwachsenen zuzuhören. Zu Hause stand Hasso da und __________ sie mit treuen Augen an. Marion __________ nun mit Hasso durch den Garten, bis sie __________ und dem Hund die __________ heraus __________. Marion __________ Hasso und gab ihm zu __________ und zu __________. Sie achtete dabei sehr darauf, dass ihr Hund nicht __________ wurde. __________ wenn Marion da war, zeigte sich Hasso sehr

__________ . Er wedelte dann __________ mit seinem Schwanz und __________ sich nur noch um Marion. Marion machte es sich nun gemütlich, las in einem spannenden Buch und Hasso legte sich zufrieden zu ihren Füßen. Plötzlich hielt ein Auto vor dem Haus; ein fremder Mann stieg aus und ging zur Haustür. __________ sich Hasso von Marion los und lief laut bellend zur Tür. Vielleicht ein Einbrecher oder ein __________ , der etwas __________ will, dachte Marion verängstigt. Sie war ja allein und die __________ im Haus war ihr nun unangenehm. Da klingelte es. Hasso, __________ mich gut!, __________ Marion leise und verhielt sich ganz still. Nach kurzer Zeit beruhigte sich Hasso wieder und __________ . Marion sah vorsichtig aus dem Fenster. Der Mann ging gerade wieder zu seinem Auto zurück. Rasch __________ Marion die Automarke und die __________ auf einen __________ . Dann rief sie ihre Mutter bei der Hochzeitsfeier an und erzählte ihr von dem fremden Besucher. Mit Hasso brauchst du doch keine Angst zu haben, sagte Mutter. Doch vorsichtshalber war es besser, dass du nicht aufgemacht hast. Hasso würde doch jeden __________ , der versuchen wollte dir nur ein Haar zu krümmen, meinte Mutter. Das ist __________ , __________ Marion zu und war doch erleichtert die Stimme der Mutter zu hören. Übrigens, ergänzte Mutter noch, der fremde Mann war Ritas Chef aus der __________ . Nun war Marion endgültig zufrieden.

richtige Wörter: ____	Note: __________

Lernzielkontrolle 5

Datum: ____________	*Name:* ______________________

Auf dem ________

Obwohl Monika heute keine Schule hat, wird sie von Mutter früh ________ .

Monika darf mit zum ________ . Nach dem Frühstück schreibt

Mutter ________ auf, was sie alles braucht. In der ________ prüft sie

entsprechend ihre Regale und Schubfächer. Als Erstes ________ Mutter und Monika

zur ________ , wo sie Vaters Briefe in den Briefkasten ________ . Der

Weg führt dann zur ________ über den ________ , an der

________ von Dr. Klug vorbei, den Monika gut kennt. Er hat sie schon einmal

verbunden, als sich Monika beim Spielen verletzt hatte und stark ________ .

Monika und Mutter ________ nun an einem großen Parkplatz vorbei, wo auch

einige ________ stehen. Ein Fahrer sitzt an seinem ________ , die

anderen stehen bei einem ________ , plaudern und warten auf einen Auftrag.

Doch Monika und ihre Mutter ________ weiter. Viele Leute kommen

________ ; sie stoßen und drängen und ________ und

schreien. Ein Verkaufsstand steht ________ dem anderen. Was es alles gibt, staunt

Monika: frische Landeier und ________ , frisches ________ und

große ________ , ________ und Marmelade,

________ und Gemüse, ________ und ________ ; sogar

________ entdeckt Monika.

Das Betasten der Ware ist ______ ! liest Monika auf einem Schild. An einem anderen Stand ______ eine Frau frische Milch in eine Kanne. Sie arbeitet rasch, so dass manches daneben ______ . Sie haben auch nicht ______ die ruhigste ______ !, ______ ein Kunde. ______ die Verkäuferin genau ______ und trifft mit ihrem ______ aus 50 Zentimeter Höhe nun genau in die Kanne.

Mutter schaut mal nach ______ , mal nach ______ , prüft hier und dort. Vor lauter Mitschauen steht Monika plötzlich inmitten eines ______ . Mach dich doch nicht ______ und pass auf!, mahnt Mutter. Anhand ihres ______ Mutter ein. Sie ______ sich ______ frische Waren geben. Auch Sahne, die zu Hause für den Kuchen ______ wird, ist dabei. Monika freut sich darauf. Sie benützt dazu gerne den ______ . Mit vollen ______ machen sich Monika und Mutter auf den Heimweg.

richtige Wörter: ___	Note: ______

Lernzielkontrolle 6

Datum:	Name:

Liebe Susanne,

stell dir vor, vor kurzem war ich mit meinen ________ im Zoo. Sechs Löwen habe ich gesehen. Zwei waren im ________ hinter ________ und Riegel, vier waren im Freigehege. Einer davon ________ immer einen großen Fleischbrocken hin und her. Am meisten gefielen mir die Affen. Sie sprangen unermüdlich eine ________ auf und ab, ________ auf alten ________ umher oder spielten mit einer großen ________ aus Stoff.

Bei den Pferden hatten wir Glück; sie bekamen gerade frisches ________ . Das ________ fließt sowieso ständig frisch nach, wenn eines der Pferde mit der Schnauze gegen eine Platte ________ . Ein freundlicher Pfleger ________ mir die verschiedenen Vorrichtungen. Ich ________ ihn aber auch dauernd nach allem Möglichen. Anschließend durfte ich auf einem Pony ________ . Darüber habe ich mich sehr ________ . Als Nächstes kamen wir zu den Vögeln. ________ von ihnen flogen unter einem netzartigen Zelt umher oder ________ mit ihren Krallen ________ am Netz. Sie verursachten einen Riesenlärm. Die ________ so, weil sie nicht wegfliegen können, meinte mein Vater.

Schön war es auch am vergangenen Sonntag in den ________ .

Wir alle hatten uns ein hohes ________ , die

______ . Wir ______ über drei ______ , bis wir die erste Pause einlegten. Auf einer schattigen ______ machten wir Rast. Ich wollte mir einen Stock schnitzen, doch mein ______ war zu ______ . Wir waren dem ______ schon recht nahe, ich erkannte sogar schon das ______ , da ______ plötzlich mein Vater vor einem aufziehenden ______ . Schon oft hatten wir in der ______ , wie Bergsteiger aus Bergnot ______ werden mussten. Also kehrten wir um. Der Ausflug war trotzdem schön!

Zu Hause helfe ich meiner Mutter jetzt oft im ______ . Wir haben ______ und ______ und die ______ blühen schön. An ______ und ______ ______ die Bohnen. Mutter jammert immer über die vielen ______ in der ______ .

Ich freue mich schon sehr auf die ______ . Aus Reiseprospekten haben wir ein nettes ______ ausgesucht. Ich glaube, die ______ dort ist ganz schön. Wir haben nicht weit zum ______ und der ______ soll sehr sauber sein. Man kann dort nicht nur ______ und ______ , ______ auch ______ , segeln, mit einem ______ oder auch ______ .

Vater sagt immer, der Urlaub würde nicht ganz ______ werden, aber hoffentlich schön. Leider muss ich mich vorher noch ______ , das habe ich nicht so gerne.

Viele Grüße

deine Petra

Wörterliste für das 3. Schuljahr

1. Unterstreiche alle Wörter, die du geübt hast!
2. Gib im Kästchen an, ob du ein Wort sicher richtig schreiben kannst (+) oder noch nicht (–).

A

- ☐ Acker
- ☐ Amt
- ☐ ändern
- ☐ angeln
- ☐ als
- ☐ also
- ☐ Aufgabe
- ☐ aufräumen
- ☐ aufwecken
- ☐ außen
- ☐ Axt

B

- ☐ backen
- ☐ baden
- ☐ bald
- ☐ Bank
- ☐ Bart
- ☐ Bauch
- ☐ beginnen
- ☐ beißen
- ☐ bereiten
- ☐ beten
- ☐ Bett
- ☐ bevor
- ☐ bewegen
- ☐ biegen
- ☐ billig
- ☐ bisschen
- ☐ blicken
- ☐ Block
- ☐ Boot
- ☐ boxen
- ☐ brav
- ☐ bremsen
- ☐ Brücke
- ☐ Bruder
- ☐ Butter

C

- ☐ Christ

D

- ☐ daran
- ☐ darauf
- ☐ darin
- ☐ darüber
- ☐ darum
- ☐ Decke
- ☐ des
- ☐ dick
- ☐ Dieb
- ☐ dies
- ☐ Draht
- ☐ dreckig
- ☐ drücken
- ☐ dumm
- ☐ durch

E

- ☐ Ehe
- ☐ eigentlich
- ☐ einpacken
- ☐ Eis
- ☐ Eltern
- ☐ entgegen
- ☐ erst
- ☐ ersticken
- ☐ etwas
- ☐ euch
- ☐ euer
- ☐ extra
- ☐ einmal

F

- ☐ Fabrik
- ☐ fahren
- ☐ Farbe
- ☐ fast
- ☐ feiern
- ☐ Ferien
- ☐ fett
- ☐ feucht
- ☐ Fisch
- ☐ Fleisch
- ☐ Fleiß
- ☐ flicken
- ☐ Fluss
- ☐ flüstern
- ☐ Frau
- ☐ fressen
- ☐ Frieden
- ☐ fröhlich
- ☐ führen
- ☐ Futter

G

- ☐ ganz
- ☐ Garten
- ☐ Gedanke
- ☐ gegen
- ☐ Gegend
- ☐ Gemüse
- ☐ Gewalt
- ☐ Gewitter
- ☐ gewinnen
- ☐ giftig
- ☐ Gipfel
- ☐ glauben
- ☐ Glocke
- ☐ Gott
- ☐ grüßen

H

- ☐ halb
- ☐ Hals
- ☐ hängen
- ☐ hatte
- ☐ Haufen
- ☐ Heft
- ☐ heiraten
- ☐ Herbst
- ☐ heulen
- ☐ Hexe
- ☐ holen
- ☐ Honig
- ☐ Hotel
- ☐ hüpfen

I

- ☐ immer
- ☐ impfen
- ☐ ins

J

- ☐ jemand

K

- ☐ Kaffee
- ☐ Käfig
- ☐ Kampf
- ☐ Kette
- ☐ keuchen
- ☐ Kirche
- ☐ Kissen
- ☐ Kleid
- ☐ klopfen
- ☐ kochen
- ☐ Kohle
- ☐ Kreuz
- ☐ Krieg
- ☐ Küche
- ☐ Kugel

L

- ☐ laut
- ☐ Lehrer
- ☐ leiten
- ☐ leuchten
- ☐ Leute
- ☐ liegen
- ☐ links
- ☐ Löffel
- ☐ lügen
- ☐ lustig

M

- [ ] man
- [ ] Mann
- [ ] Mädchen
- [ ] malen
- [ ] Markt
- [ ] Maß
- [ ] Meer
- [ ] mehr
- [ ] Minute
- [ ] mixen

N

- [ ] Nachbar
- [ ] Name
- [ ] Natur
- [ ] neben
- [ ] nett
- [ ] nichts
- [ ] noch
- [ ] Nummer

O

- [ ] ob
- [ ] oben
- [ ] ohne
- [ ] Onkel

P

- [ ] parken
- [ ] Pause
- [ ] pfeifen
- [ ] Pfennig
- [ ] pflanzen
- [ ] pflegen
- [ ] Pfütze
- [ ] Post
- [ ] Praxis
- [ ] Prüfung
- [ ] putzen

R

- [ ] rauchen
- [ ] Raum
- [ ] rechts
- [ ] reißen
- [ ] reiten
- [ ] rennen
- [ ] retten
- [ ] Rose
- [ ] rosten
- [ ] rudern
- [ ] Ruhe
- [ ] rutschen

S

- [ ] Salat
- [ ] sammeln
- [ ] sauber
- [ ] schieben
- [ ] schimpfen
- [ ] schließen
- [ ] Schlitten
- [ ] schlüpfen
- [ ] Schloss
- [ ] Schmutz
- [ ] schöpfen
- [ ] schrecklich
- [ ] schüchtern
- [ ] Schulter
- [ ] schütteln
- [ ] schützen
- [ ] schweigen
- [ ] schwer
- [ ] Schwester
- [ ] schwierig
- [ ] schwimmen
- [ ] See
- [ ] seid
- [ ] Seife
- [ ] seit
- [ ] selber
- [ ] selbst
- [ ] setzen
- [ ] sofort
- [ ] Sommer
- [ ] sondern
- [ ] sonst
- [ ] sorgen
- [ ] Spannung
- [ ] Spaß
- [ ] spät
- [ ] Speise
- [ ] Spitze
- [ ] Sport
- [ ] spotten
- [ ] sprechen
- [ ] Stab
- [ ] Stamm
- [ ] stecken
- [ ] stehlen
- [ ] steil
- [ ] Stein
- [ ] sterben
- [ ] Steuer
- [ ] stimmen
- [ ] Stirn
- [ ] stoßen
- [ ] Strand
- [ ] streicheln
- [ ] streng
- [ ] Strom
- [ ] Stück
- [ ] Stuhl
- [ ] stumpf
- [ ] stürmen
- [ ] stürzen

T

- [ ] Tafel
- [ ] tanzen
- [ ] Tasche
- [ ] tauchen
- [ ] tausend
- [ ] Taxi
- [ ] Telefon
- [ ] teuer
- [ ] Text
- [ ] Tomate
- [ ] tot
- [ ] Träne
- [ ] Treppe
- [ ] trinken
- [ ] tropfen
- [ ] turnen
- [ ] Tüte

U

- [ ] über
- [ ] unter
- [ ] Unterricht

V

- [ ] verbieten
- [ ] vergessen
- [ ] verletzen
- [ ] verlangen
- [ ] voll
- [ ] vorsichtig

W

- [ ] wachsen
- [ ] wählen
- [ ] wahr
- [ ] während
- [ ] wandern
- [ ] Wärme
- [ ] waschen
- [ ] wechseln
- [ ] weder
- [ ] wegen
- [ ] welche
- [ ] wem
- [ ] wenn
- [ ] wenig
- [ ] wert
- [ ] wetten
- [ ] wieder
- [ ] wird
- [ ] Winter
- [ ] Wurst
- [ ] Wut

Z

- [ ] Zahl
- [ ] Zeitung
- [ ] Zettel
- [ ] Zeugnis
- [ ] Ziel
- [ ] zittern
- [ ] Zucker
- [ ] Zunge
- [ ] zurück